세계관, 몽골을 읽다

글로벌리더십포커스
Global Leadership Focus

글로벌리더십포커스(이하 GLF)는 한국해외선교회(GMF) 산하 훈련 기관으로 타
문화 사역자들을 21세기 글로벌 선교 시대에 부응하는 지도력으로 향상시키기 위해
2007년 설립된 선교사 연장 교육 기관이다. 비형식적, 비공식적, 공식적 교육을
효율적으로 사용해 타문화 사역자들로 하여금 자신이 하고 있는 사역 분야에 대하여
전문성을 준비하여 성숙한 지도자가 되는 것을 목표로 한다. 특히, GLF 사역의 일환
으로 2012년에 출범한 KGLI(Korean Global Leadership Institute)는 말레이시아
침례신학대학원(MBTS)과 공동으로 선교학 박사학위(D. Miss.) 과정을 통해 한국의
선교 지도력이 성장하도록 돕고 있다.
Homepage: www.glfocus.org

세계관, 몽골을 읽다

1 판 1 쇄 발 행	2022년 11월 2일
발 행 처	사)한국해외선교회 출판부(GMF Press)
지 은 이	이승훈
발 행 인	양승헌
출 판 편 집	한국선교연구원(KRIM)
주 소	서울 양천구 목동중앙본로18길 78, 4층
전 화	(02)2654-1006
이 메 일	krim@krim.org
등 록 번 호	제21-196호
등 록 일	1990년 9월 28일

세계관, 몽골을 읽다

목차

추천사 <small>가나다순</small>

　한국교회의 타문화 선교운동이 지난 30-40년간 활발히 진행되었다. 다양한 선교지에서 한국 선교사들의 많은 수고가 있었지만, 한국선교의 역량이 집중되었던 지역 중 하나가 몽골이라고 생각한다. 고려시대에 우리민족과 역사적으로 깊은 연관을 맺었던 몽골이 1990년대 후반에 다시 한국과 관계를 재개하는 과정에서 한국 선교사들은 몽골의 기독교 형성뿐 아니라 사회 다방면에 좋은 영향을 미쳤다. 『세계관, 몽골을 읽다』는 그러한 사례의 구체적인 열매로 제시될 수 있다. 저자는 젊은 날부터 중년에 이르는 긴 세월 동안 몽골 민족과 교회를 힘써 섬기며 관찰하고, 경험하며, 연구했던 결과물을 이 한 권의 책에 담았다.

　한국의 거리에서 가끔씩 몽골 사람들을 만날 때가 있다. 한국인과 너무나 흡사한 외모를 가졌기에 구별조차 힘들지만, 이 책에 묘사된 몽골인들의 세계관은 우리의 그것과 비교해볼 때 많이 다르다는 것을 확인할 수 있다. 비슷한 듯하지만 매우 다른 그 민족 속에서 거하면서 그들과 함께 예수 그리스도를 따르기 위해 애쓰는 선교사들의 노고를 이 책을 통해 다시 한번 느껴 본다. 『세계관, 몽골을 읽다』는 모든 민족을 그리스도의 제자로 삼고자 하는 일에 헌신한 타문화 사역자들에게 귀중한 지침서가 될 것이다. 나아가 이 책은 다른 사람을 볼 때 피상적으로, 자기중심적으로 보는 것을 넘어 사람들의 깊은 것을 이해하는 안목을 키우고자 하는 모든 이들에게 큰 도움을 줄 것이라고 믿는다.

변진석 GMTC 원장

만일 내가 몽골 여행을 간다면 먼저 몽골의 지리적 형세나 교통 상황을 소개하는 지도부터 구입하고자 할 것이다. 그러나 내가 문화인류학 분야의 전공자나 초문화적 사역자로서 몽골을 향한다면, 다른 무엇보다도 몽골인들의 문화·세계관·종교에 관한 적절한 안내서를 수소문할 것이다. 그리고 머지않아 내가 손에 거머쥔 책은 단연코 『세계관, 몽골을 읽다』일 것이다.

『세계관, 몽골을 읽다』는 최소한 다음과 같은 세 가지 이유 때문에 적극적으로 추천 받을 만하다.

첫째, 다층적으로 복잡한 과정을 거쳐 형성된 몽골의 문화와 사회를 포괄적이면서도 일목요연하게 정리했다는 점에서 의의가 크다. 몽골과 몽골인들에 대한 우리의 이해는 샤머니즘[3 장], 티베트 불교[4 장], 유목 문화[5 장], 사회주의(및 세속주의)[6 장]라는 구성 요인/주제의 도입과 고찰에 의해 크게 신장된다.

둘째, 진정한 회심 혹은 복음 사역의 핵심이 세계관의 변화에 있다고 보고 이를 목표한 사역 전략의 수립 및 제안 시도 역시 이 책자의 강점이다. 과거 초문화적 선교 활동의 주된 반성 사항 중 하나가 피상적이고 종교 의례적인 회심이었음을 감안할 때, 저자의 시도는 더 없이 바람직하고 시의적절하게 여겨진다.

셋째, 이 책은 이론과 실제가 함께 아우러진 노력의 산물이기에 더욱 신뢰가 간다. 저자는 몽골 땅에 발을 디딘 후 20 년 내내 학적 탐구와 현장 사역을 병행해 왔다. 학교 커리큘럼과 과목 설정에 신경을 쓴 것만큼 복음 사역과 제자 훈련에도 관심을 쏟았다. 이 책자에는 개인의 경험적 통찰력과 사회과학적 조사 연구가 함께 녹아 있다. 바라기는 이 책을 통해 몽골에 대한 세계관의 창이 환히 열리기를 기대한다.

송인규 전 합동신학대학원대학교 교수

『세계관, 몽골을 읽다』를 단숨에 읽고 그동안 경험하지 않았던 몽골 문화를 맛보았습니다. 예전에 중국에 속해 있던 내몽골 지방을 여행하면서 언젠가는 몽골도 보리라 다짐을 했는데 이번에 그 속살을 보게 되었습니다.

『세계관, 몽골을 읽다』는 MSG가 첨가되지 않은, 담백하지만 질리지 않는 맛을 더하고 있습니다. 학술적 논문이라는 선입감 때문에 딱딱할 것 같은 예상과 달리 전혀 다른 엑기스를 모아 놓은 영양제와 같습니다. 저자가 20여 년간 몽골인을 이해하고 사랑했던 인고의 산물입니다. 사실 한 민족이나 국가의 세계관은 복잡다단하여 명확하게 이해하기 어려운 면들이 많습니다. 그러나 이 책은 다양한 관점에서 조망함으로 이해의 폭을 넓혀 줍니다.

타문화 전도자가 갖추어야 할 것은 타문화에 대한 열린 마음입니다. 그렇지만 타문화를 왜곡된 시각으로 보는 자문화 우월주의는 우리가 가진 편견으로 타문화 이해를 가로막는 적입니다. 타문화의 거대한 협곡과 장벽의 막다른 길에 서 있는 우리에게 이 책은 그것을 넘을 수 있는 소망을 보게 합니다. 타문화 이해의 길라잡이와 같은 이 책을 타문화 사역자들에게 추천하고 싶습니다.

주영찬 호프선교회 대표

서문

　필자가 몽골 세계관에 관심을 갖게 된 것은 '오가나'라는 몽골 대학생을 만난 것이 계기가 됐다. 오가나는 20살이 채 안 된 대학생이었지만 인생의 커다란 굴곡을 경험한 아이였다. 오가나가 하나님을 알게 된 것은 한국 사역자가 운영하는 미혼모 보호소에 머물면서이다. 고등학생 시절 친구에게서 성폭행을 당하여 원치 않는 임신을 하게 되었고 한국 사역자가 운영하는 미혼모 보호소에 머물게 되었는데, 그때 하나님을 알게 되었다. 그러나 그녀의 삶은 순탄하지 않았다. 미혼모 보호소에 머무는 동안 남동생이 간암으로 죽었고, 출산하는 과정에서 의사들의 부주의로 태아의 내장이 파열되어 태어난 지 2주 만에 아이를 잃는 아픔을 겪어야 했다. 대학생 캠프에서 필자와 만나 일대일 나눔을 하던 때는 엄마가 간경화 판정을 받아 의사로부터 앞으로 1년 남짓 더 살 수 있다는 시한부 선고를 받았을 때였다.

　절망스러운 상황에 빠져있는 이 학생에게 하나님의 사랑과 은혜를 어떻게 나눠야 할지 난감한 가운데서 필자는 오가나와 6주간의 성경공부를 함께 하기로 했다. 처음 성경공부를 할 때 오가나는 가족들에게 일어난 불행한 사건들로 인해서 정서적으로 매우 지쳐있는 상태였으며 일련의 모든 사건이 자기 잘못 때문이라는 죄책감과 자괴감으로 인한 트라우마로 고생하고 있었다. 그녀의 왼손에는 자살을 시도한 흔적도 있었다. 눈물을 흘리며 자신의 삶을 나누는 오가나를 보면서 필자는 계속 그녀와 성경공부를 해야겠다는 생각을 갖게 되었다. 그래서 필자는 일주일에 2 번씩 성경공부를 하자고 제안했고 오가나는 기꺼이 그 제안을 받아들였다. 그 이후 오가나는 성경공부에 참여했고, 4 주 후에는 주님을 인격적으로 영접했다. 필자는 그 모든 것이 오가나를 변화시키는 하나님의 손길로 이해했다. 그래서 그리스도인으로서의 새로운 삶을 사는 길이 어떤 것인지에 대한 새신자 양육 과정의 성경공부를 계속하자고 제안했다.

그런데 어느 날 한 학생으로부터 오가나가 더 이상 성경공부 모임에 오지 않기로 했다는 이야기를 듣게 되었다. 그 이유는 삼촌의 거듭된 제안으로 어쩔 수 없이 라마승에게 불경을 듣고 기도를 받으러 갔는데 그 라마승이 "기독교 모임에 가지 말라"고 말했다는 것이다. 그런데 그 라마승이 하는 말이 맞다는 생각이 들어서 더 이상 모임에 가지않겠다고 했다는 것이다. 그 이후 필자는 오가나와 연락을 할 수 없었고 그녀와의 만남은 그렇게 끝이 나게 되었다.

불신자들을 위한 캠프에서 오가나를 만나 그의 삶을 듣고, 연이어서 하게 된 성경공부를 통해서 오가나가 인격적으로 복음을 받아들였다고 생각했는데, 그 이후 갑작스런 오가나의 변화는 무엇으로 쉽게 설명할 수 없는 것이었다. 필자와 두 달이 넘도록 만나면서 감격적으로 복음을 받아들인 그의 기도와 고백은 무엇으로 된 것인지, 그의 갑작스러운 변화된 태도에 필자는 망연자실할 수밖에 없었다. 그 사건 이후 필자는 세계관에 대한 관심을 갖게 되었고 복음 사역과 회심의 최종 목적은 사역대상자의 세계관이 변화하는 데까지 이르는 것임을 깨닫게 되었다.

그래서 2014 년에 박사학위 과정을 마치고 논문을 작성할 때 망설임 없이 '몽골 세계관과 세계관의 변화'를 논문 주제로 택하게 되었다. 국제울란바타르대학교에서 세계관을 주제로 학생들을 가르치게 된 것도 세계관을 연구할 수 있는 기폭제가 되었다.

　그런데 막상 몽골 세계관의 변화에 관한 연구를 하려고 하자 이에 대한 자료가 많지도 않았을 뿐만 아니라 세계관을 현상학적으로 분석하는 방법에 대한 자료들이 거의 없다 보니 글을 쓰는 내내 심적 부담이 많았다. 그러나 용기를 내서 몽골 세계관에 관한 책을 출간하기로 한 것은 이것이 조그만 씨앗이 되기를 바라는 마음에서였다.

　이 책은 1 장과 2 장에서 세계관에 대한 정의와 세계관을 어떻게 이해하고 파악할 것인지를 간단하게 소개했으며 3 장부터 6 장까지는 몽골의 세계관을 샤머니즘, 티베트불교, 유목문화, 사회주의, 페티시즘(물신숭배), 세속주의로 나누어 고찰했다. 그리고 7 장과 8 장에서는 복음을 통한 세계관의 변화가 어떻게 이루어져야 하며 몽골 세계관의 변화를 위해서 사역자가 어떤 사역전략을 가져야 하는지를 다루었다. 9 장에서는 몽골 세계관에 대한 현상학적 분석의 일례로 필자의 박사학위 논문인 "몽골대학생들의 세계관 변화를 위한 한인선교사의 사역전략"의 연구 방법과 도구, 자료분석과 연구조사 결과들을 요약해서 실었다. 마지막 10 장에서는 결론으로 세계관의 변화를 추구하는 효과적 사역을 위해 몇 가지를 제안했다.

　세계관에 관한 조그만 책을 내면서 박사학위 논문을 상세하게 읽으며 사역적 통찰력과 지도를 해 주신 GLF 의 이태웅 박사님과 GMTC 원장이신 변진석 박사님께 감사를 드리고 싶다. 그리고 세계관과 관련한 연구방법론에 대한 강의를 통해 통찰력을 키워주신 문상철 박사님을 비롯한 KGLI 교수님들과 안점식 교수님께 감사를 드린다. 특히 대학원생 시절부터 세계관에 대한 시야를 열게 해 주신 합동신학대학원의 송인규 교수님과 박사 논문을 쓸 때 격려를 아끼지 않으신 오덕교 교수님께 감사를 드린다. 또 이 책이 나올 수 있도록 격려해주시고 교정과 출간을 맡아주신 KGLI 박경선 선교사님과 KRIM 의 홍현철 원장님께도 감사하다는 말을 전하고 싶다.

이 책을 출간하면서 평생 믿음의 길을 걷도록 기도와 땀을 흘리시며 후원해주신 부모님과 몽골사역에 평생 동역자로 함께 수고하며 눈물 흘린 아내와 두 아이들, 그리고 함께 하나님 나라를 위해 동역하는 파송교회 교인들과 HOPE 사역자들, 그리고 국제울란바타르대학교의 동역자들에게 감사를 전하며 이 책을 바친다.

2022년 여름

몽골사역 20년을 맞이하면서

이승훈

1

세계관이란 무엇인가?

세계관이란 무엇인가?

　사람은 누구나 신에 대해서, 세상과 사물에 대해서, 인간의 기원이나 인간의 본질에 대해서, 그리고 죽음 이후의 내세에 대해서 자기 나름대로의 관점을 가지고 살아간다. 사람은 자기가 의식하든지, 의식하지 않든지 자기만의 생각과 관점으로 세상과 사물, 그리고 인생을 바라보고 해석하며 또 그 틀이나 관점으로 판단한다. 이것을 흔히 세계관이라고 한다.

　학자들은 세계관을 설명할 때 흔히 우리가 쓰고 있는 색안경에 이를 비유하곤 한다. 우리는 의식하든지 의식하지 않든지 각자 자기만의 색안경을 쓰고서 세상을 바라보고 해석한다. 우리가 어떤 색안경을 썼느냐에 따라서 세상이나 사물이 다르게 보이듯이 우리가 가지고 있는 세계관도 세상을 보는 관점이나 해석에 영향을 미친다. 가령 파란색 안경을 쓴 사람은 빨간색 안경을 쓴 사람과는 다르게 세상을 바라본다. 세상이 다르게 보이기 때문에 세상에 대한 인식과 해석도 다를 수밖에 없다. 파란 색안경을 낀 사람은 녹색 푸른 잎사귀의 나무를 바라볼 때, 다른 색안경을 낀 사람과는 달리 보게 된다.

　세계관도 이와 같이 사람들이 쓰고 있는 색안경과 같다. 과학이 발달하면서 요즘에는 색이 있는 콘택트렌즈를 사용하는 사람들이 많다. 콘택트렌즈를 오래 사용하게 되면 때로는 자신이 렌즈를 사용하고 있는지조차 인식하지 못하는 것처럼 세계관도 마찬가지로 이를 의식하지 못할 때가 많다. 이처럼 사람들은 의식적으로든지, 무의식적으로든지 세계관이란 렌즈를 사용하여 세상을 바라보며, 또 그의 눈에 보이는 관점에 따라서 세상과 사물을 이해하고 해석한다. 따라서 어떠한 세계관을 가졌느냐에 따라서 세상을 바라보고 해석하는 방식은 다를 수밖에 없다.

그림 1. 천사와 악마

이 그림은 1960 년에 마우리츠 코르넬리스 에셔(Maurits Cornelis Escher)가 그린 "천사와 악마"이다.

우리가 이 그림을 어떤 관점에서 바라보느냐에 따라서 천사처럼 보일 수도 있고, 악마처럼 보일 수도 있다. 하나의 그림인데도 하얀색을 중심으로 보면 천사나 수호신처럼 보이지만, 검은색을 중심으로 보면 악마나 박쥐처럼 보인다. 우리가 보는 관점에 따라서 이 그림이 주는 이미지도 다르다. 이 그림에서 천사를 보는 사람은 천국이나 하늘의 이미지를 가질 수 있지만, 박쥐나 악마를 보는 사람은 반대로 지옥이나 어둠의 이미지를 느낄 것이다. 이처럼 사람은 각자 자기 나름대로의 관점을 가지고 세상이나 사물을 바라보고 해석하는데, 이러한 인식의 틀을 제공하는 것을 세계관이라 한다.

인간이 세상을 바라보고 해석하는 방식은 그 사람이 살고 있는 기후나 환경과 같은 자연조건, 그에 따른 생활방식, 그리고 그 사람이 소속한 집단의 문화에 따라서 차이가 존재한다. 한 민족이나 집단이 가지고 있는 세계관은 그 집단의 신념과 가치관들을 내포하며, 이것들은 다시 그 문화 구성원들의 행동과 사고에 영향을 준다. 세계관의 중심에는 개인이나 집단의 종교나 신념이 깔려있다. 따라서 한 집단의 종교적 세계관은 한 사람의 인지적, 정서적, 그리고 도덕적 영역 전반에 영향을 미치게 마련이다. 사람이 어떤 종교를 갖느냐에 따라 세상이나 인간 자신, 그리고 인생의 의미를 바라보고 해석하는 관점은 다르게 나타나기 마련이다.

이처럼 우리 인간은 세상을 살아갈 때 자기 나름대로의 세계관을 가지고 세상을 살아가기 때문에 우리가 살고 있는 사회나 집단, 그리고 인간을 이해하려면 그 사회 집단이나 개인의 내면에 있는 세계관을 알아야 할 필요가 있다.

세계관에 대한 여러 정의

사람들은 세계관이 무엇인지를 여러 관점에서 설명하고자 했는데 제일 처음 세계관을 정의하고자 했던 사람들은 주로 철학자들이었다. 세계관이란 용어를 처음 사용한 사람은 독일의 철학자인 임마누엘 칸트(Immanuel Kant)였다. 그는 '세계에 대한 감각적 지각'을 의미하는 용어로 '벨트안샤웅'(Weltanschauung)이라는 단어를 사용했다. 독일어로 벨트(Welt)는 세상을, 안샤웅(Anschauung)은 직관이나 견해, 관점을 뜻하기에 벨트안샤웅은 영어로 worldview, 즉 세계관을 의미한다. 칸트는 이 단어를 그의 책에서 딱 한 번 사용했다고 한다. 그러나 이 단어는 이후 구미 철학자들이 즐겨 사용하는 단어가 되었다.

세계관이 종교와 밀접한 연관이 있다고 언급한 사람은 독일 철학자 빌헬름 딜타이(Wilhelm Dilthey)였다. 그는 종교 속에 세계관이 있는데 세계관은 더 근원적인 것이며 종교는 세계관을 담는 그릇이라고 생각했다. 세계관의 목적은 세상의 가장 깊은 의미를 표현하고 삶의 궁극적인 의문들에 답하는 것이다. 세계관이란 "나는 어디에서 왔는가?, 나는 왜 존재하는가?, 나는 어떻게 될 것인가?" 등 우리의 삶과 밀접한 관계가 있는 물음에 답하는 것이다. 딜타이는 세계관이 무엇이며, 세계관을 파악하기 위해서 어떤 질문들에 답해야 하는지를 이해하는 데 큰 기여를 한 인물이다.

네덜란드의 정치가요 철학자인 아브라함 카이퍼(Abraham Kuyper)는 칼빈주의 신앙으로 나라를 다스린 인물로 유명하다. 그는 세계관을 모든 것을 포괄하는 삶의 체계(life system)로 보고 문화를 비롯한 종교, 정치, 과학, 예술 등 모든 인간의 활동과 삶의 의미, 그리고 가치 전체를 포함하는 용어로 세계관을 이해했다. 카이퍼는 종교가 세계관의 근저를 형성한다고 보고 세계관을 하나님, 인간, 세상과 연결시켜서 이해했다. 그래서 세계관이란 단지 우리의 종교적, 윤리적 문제에 해당되는 것이 아니라 우리의 삶의 모든 영역과 연관된다는 것을 강조했다.

지난 2000년 가까이 서양을 지배한 사상은 플라톤의 이원론이다. 플라톤은 세계를 이데아의 세계와 현상계로 나누고 이데아의 세계가 진정한 실체이며 반대로 우리의 눈에 보이는 감각의 세계인 현상계는 이데아의 그림자에 불과하다고 이해했다. 플라톤의 이원론적 사고는 서구 기독교에도 영향을 미쳐 교회는 이데아의 세계를 하나님의 세계요 영적인 영역으로, 현상계를 죄악으로 물든 이 세상과 육체적 영역으로 이원론적으로 해석하고 받아들였다. 그래서 이 세상과 인간의 육체적 영역은 사단이 다스리는 세계요 사단의 유혹을 받는 영역으로 인식했다. 교회가 이원론적 사고에 따라 자연의 세계를 포기하자 점점 인간의 이성과 과학기술을 앞세운 계몽사상과 세속주의가 자연의 세계를 대신 지배하게 되었다. 19세기 이후 이성과 과학에 주인의 자리를 내 준 서양의 지적 체계는 하나님의 영역이라 할 수 있는 은총의 영역도 침범하게 되었고 결국 현대에 와서는 모든 영역을 인간의 이성과 과학이 차지하게 되었다. 이제 하나님의 세계요 영적인 영역은 종교적 영역과 개인적인 영역으로 국한되게 되었다.

아브라함 카이퍼는 이러한 철학의 흐름을 바라보며 하나님의 진리는 인간의 삶의 모든 영역에 영향을 미치는 우주적인 것임을 강조했다. 그의 세계관 이해는 기독교의 진리를 이원론적으로 받아들이는 서구 기독교인들의 인식체계의 문제점을 잘 지적해 주었다.

카이퍼와 동시대에 네덜란드에서 활약한 기독교 철학자 헤르만 도예베르트(Herman Dooyeweerd)는 모든 이론적 사고에는 종교적 전제가 있으며 그것은 세계관과 연관된다고 생각했다. 그는 철학이 궁극적으로는 종교적 전제를 기초로 해서 세워지는데, 이를 "종교적 기본 동인"(religious ground motive)이라고 했다. 그는 기독교적 기본 동인을 "창조(creation), 타락(fall into sin), 구속(redemption)"으로 보았다(1955:64-68). 우리가 기독교 세계관을 이야기할 때 흔히 창조, 타락, 구속이라는 관점으로 이해하는데 이런 관점을 제시한 철학자가 바로 도예베르트였다.

카이퍼와 도예베르트가 발전시킨 세계관에 대한 논의는 20세기 중반을 지나면서 북미에도 널리 소개되었다. 캐나다 철학자인 알버트 월터스(Albert M. Wolters)는 세계관이 인간의 삶을 인도하는 나침반과 지도 역할을 하며, 인간의 견해나 사고 및 행동양식을 결정하는 데 지대한 영향을 끼친다고 했다. 그는 세계관을 설명하면서 구조(structure)와 방향(direction)을 구별하는 것이 중요하다는 것을 강조했다. '구조'는 사물의 본질, 즉 하나님의 창조적 법에 의해 피조된 대로의 사물을, '방향'은 범죄로 인해 그 구조적인 규례로부터 일탈하는 것과, 그리스도 안에서 새롭게 되어 그 구조적 규례에 다시 순응하는 것을 의미한다(1992:98). 우리는 흔히 노동, 재물(돈), 성(sex) 등에 대해서 그 자체로 좋지 않은 것이라는 구조로 이해하는 경향이 있다. 노동이나 재물, 성 자체는 하나님께서 선물로 우리에게 주신 것이다. 따라서 이것들은 모두 그 자체로 좋다, 나쁘다고 할 수 없다. 그것들이 좋은지 나쁜지, 선한지 그렇지 않은지의 여부는 사람들이 그것을 어떻게, 무엇을 위해 사용하는지의 방향성과 관련된다. 마찬가지로 사람이 성직자나 사역자가 되는 것도 그 자체로는 선한 일이라고 말할 수 없다. 왜, 그리고 무엇을 위해서 성직자가 되고자 하는지 그 동기와 목적 즉, 방향이 중요하다. 자기의 명예나 유익을 위해서 성직자가 되고자 한다면 그것은 선한 일이 될 수 없는 것이다.

월터스는 세계관을 구조와 방향으로 구분하고 방향이 세계관에 대한 평가에 영향을 미친다는 것을 언급했다는 점에서 세계관 개념을 이해하는 데 큰 도움을 주었다. 그는 도예베르트의 창조, 타락, 구속의 개념을 적용하여 노동이나 재물, 성은 하나님의 선물인데 인간이 죄를 지으면서 그것을 다른 동기와 목적을 가지고 잘못 사용하게 되었고, 이제 복음 안에서 새로운 피조물이 된 인간은 이것들을 다시 회복하여 성경이 말하는 대로 올바로 사용할 필요가 있다는 방향성을 가지고 사물을 바라볼 필요가 있음을 제안했다. 아울러 그는 성경의 핵심을 문화에 두고 창조 질서를 문화 명령으로, 그리스도의 구속을 문화의 회복으로, 그리고 종말을 문화의 완성이라는 관점에서 보면서 지상명령인 대위임령과 더불어 문화명령의 중요성을 강조함으로써 그리스도인들이 세상의 변혁에 적극적으로 관심을 가지고 참여해야 한다는 의식을 심어주었다.

미국의 기독교 철학자들인 아더 홈즈(Arther F. Homles)와 니콜라스 월터스코프(Nicholas Wolterstorff)는 세계관을 사람의 행위를 통제하는 하나의 신념(control belief)으로 보았다.

브라이언 왈쉬((Brian J. Walsh)와 리처드 미들톤(J. Richard Middleton)은 우리가 살고 움직이고 몸담을 수 있는 토대를 제공해주는 하나의 결단이요, 근본적인 마음의 지향이라고 정의했다(2007:173). 이들은 세계관이 세계와 인생을 바라보는 지적인 영역에만 한정되는 것이 아니며 우리의 정서적, 의지적 측면을 포함한다는 것을 강조했다. 세계관은 우리가 어떤 지식을 취사선택하고 결정하는 데 영향을 미치며 사람들로 하여금 행동하게 하는 동기를 결정한다. 또한 세계관은 인간의 가치 기준을 결정하고,

세계를 어떤 방식으로 해석하도록 인도하며, 가치 있는 것과 그렇지 않은 것을 구분하게 한다. 이들은 창조, 타락, 구속에 입각한 기독교 진리를 통한 세계관 변혁의 가능성과 그 중요성을 강조했다(2007:37). 예수 그리스도의 구속은 하나님의 창조 세계를 회복하는 것이며 그것은 종말에 완성되지만, 그리스도를 믿는 제자들은 하나님의 창조 세계가 완전히 회복되고 완성될 종말을 소망하며 죄에 물든 세계관과 문화를 성경적 세계관에 입각해 변혁해 나가야 한다. 이들은 이것이 그리스도인의 비전이 되어야 한다는 것을 강조했다.

최근에는 세계관에 관한 책들이 '이야기'의 중요성을 강조한다. 제임스 사이어(James. W. Sire)는 『기독교 세계관과 현대 사상』 개정판에서 세계관을 "이야기의 형태로 혹은 실재의 근본적 구성에 대해 우리가 보유하고 있는 일련의 전제로 표현되는 것으로서 우리가 살고 움직이고 몸담을 수 있는 토대를 제공해주는 하나의 결단이요 근본적인 마음의 지향이다"라고 새롭게 정의했다. 마이클 고힌(Michael Goheen)과 크레이그 바르돌로뮤(Craig Bartholomew)는 『세계관은 이야기다』라는 책에서 세계관이란 "공유된 큰 이야기 속에 배어있는 기본 신념들을 명료화한 것인데, 그 신념들은 신앙의 결단에 뿌리를 두고 있으며 우리의 개인생활과 공동생활 전체를 빚어내고 방향을 결정한다"라고 정의했다(2011:77). 이들은 세계관이 '하나의 이야기'라는 내러티브(narrative) 성격을 부각시키며 세계관에 대한 새로운 시각을 열어주었다. 오늘날 성경의 이야기를 구전으로 들려주며 세계관의 변혁을 꿈꾸는 여러 부류의 사역들이 이루어지고 있는데 이러한 사역들은 구전을 통해 지식과 문화를 전수해 온 몽골 사회에 적용 가능한 모델이라고 생각한다.

한편 세계관이란 용어는 문화인류학자들도 관심을 가졌는데, 그 이유는 세계관이 문화의 핵심이면서 종교적 신념들과 밀접하게 연관되어 사회적인 현상으로 경험되기 때문이었다. 이들은 여러 문화를 깊이 이해하는 가운데 겉으로 드러난 언행의 아래에 그런 말과 행위를 발생시키는 신념들과 가치관이 있다는 것과 신념의 형성에 영향을 미치는 문화의 더 깊은 차원들이 있다는 것을 발견하고 여기에 관심을 갖게 되었다.

세계관에 관한 연구를 다룬 초기 문화인류학자들 중의 하나인 로버트 레드필드(Robert Redfield)는 세계관을 "한 민족을 특징짓는 우주를 보는 안목이며, 한 사람의 우주에 대한 관념"이라고 정의했다(1968:30). 마이클 커니(Michael Kearney)는 세계관이 "세계에 관하여 생각하는 방식을 제공하는 기본적인 가정들과 이미지들로 구성되어 있다"라고 했다(1984:41-42). 클리퍼드 기어츠(Clifford Geertz)는 세계관을 "순전히 있는 그대로의 사물의 존재 방식에 대해 갖고 있는 그림"이라고 정의하면서 세계관이 "자연, 자아, 사회에 대한 그들의 개념으로 질서에 관한 가장 포괄적인 관념을 담고 있다"라고 했다(1973:158). 찰스 크래프트(Charles H. Kraft)는 세계관은 그 구성원들에게 실재를 인식하고 해석하게 하는 관점을 제공하며 삶과 경험들을 조직적으로 설명할 수 있는 전체적 체계를 만든다고 보았다(2010:133). 초기 문화인류학자들은 세계관을 주로 우주나 사물에 대한 한 사람의 관념, 이미지, 사물의 존재방식 등으로 이해했으며 사회와 문화를 기능주의적 관점에서 바라보는 문화인류학자들은 세계관을 주로 인지적인 차원에서 사물에 대한 가치의 총체적 형태로 보았다.

히버트는 세계관이란 "한 집단이 자기 삶을 정돈하는 데 사용하기 위해 실재의 본질에 대해 내리는 기초적인 인지적, 정서적, 평가적 가정과 틀"이라고 했다(2010:51). 그는 한 세계관을 이해하고 분석하고 평가하는 데 있어서 세 가지 차원으로 분류했는데, 세계관은 인지적 측면뿐만 아니라 정서적, 평가적 차원을 모두 고려해야 한다는 것을 강조했다(2010:55).

이상에서 우리는 세계관이 공통적으로 '세상과 사건, 그리고 인생을 바라보는 하나의 신념이며 가정과 틀'을 뜻하는 것임을 알 수 있다. 세계관은 단순한 인지적 틀이 아니라 정서적 요소와 평가적 요소를 가지고 있다.

세계관은 인지적, 감정적, 평가적 차원을 함께 결속함으로써 세계에 대하여 의미를 부여하고, 사람들이 옳다고 생각하는 바를 재확인시키며, 더 나아가 세계를 보는 방법을 제공한다. 따라서 이를 정리해보면 세계관이란 "한 사람이 의식적으로나 무의식적으로 세상과 사물, 인생을 바라보고 느끼고 판단하는 전제로서 그 사람의 가치와 신념을 반영하는 관점과 틀"이라고 정의할 수 있겠다.

2

세계관 이해하기

세계관 이해하기

세계관에 대해서 적지 않게 들어 본 사람도 세계관이 구체적으로 무엇을 말하는지를 물어보면 쉽게 대답하지 못하는 경우를 종종 보게 된다. 세계관이란 단어의 뜻을 분석해보면 '세계 또는 세상을 보는 관점'을 뜻한다고 할 수 있지만, 이것이 구체적으로 무엇에 대한 것인지는 설명하기가 쉽지 않다. 따라서 세계관이 어떠한 범주를 내포하는지를 구체적인 질문을 통해서 분류해 보는 것은 세계관의 뜻을 더 구체적으로 이해하는 데 도움을 준다.

철학적 질문들을 통한 세계관 이해

세계관이란 말이 구체적으로 무엇을 말하는지를 이해하기 위해 학자들이 전통적으로 사용해 온 방법은 세계관을 구성하는 핵심 가치에 관한 질문들을 바탕으로 이를 분류하는 것이다. 한 사람이나 집단의 세계관을 파악하기 위한 좋은 방법은 그들의 세계관을 구성하는 철학적 질문들에 대해서 그들이 어떻게 대답하는지를 보는 것을 통해서이다.

브라이언 왈쉬와 리처드 미들톤은 『그리스도인의 비전』에서 각 개인의 신앙과 세계관은 서로 연관되어 있다고 말하면서 신앙을 결정하는 네 가지 질문으로 세계관을 파악하고자 했다(1990:41).

1) 나는 누구인가? (인간의 본질, 사명, 목적)

2) 우리는 어디에 있는가? (세상과 우주의 본질)

3) 무엇이 잘못되어 있는가? (악의 문제)

4) 그 치료책은 무엇인가? (악의 해결책 또는 구원의 문제)

제임스 사이어는 『기독교 세계관과 현대사상』에서 세계관의 유형들을 좀 더 구체적으로 나누었다(2004:23). 그는 세계관을 이해하는 데 지식과 도덕, 인간 역사의 의미를 추가했다.

1) 참된 최고의 실재는 무엇인가?

2) 인간을 둘러싼 세계의 본질은 무엇인가?

3) 인간은 무엇인가?

4) 인간이 죽으면 어떤 일이 일어나는가?

5) 지식이 가능한 까닭은 무엇인가?

6) 도덕의 기초는 무엇인가?

7) 인간 역사의 의미는 무엇인가?'

한편 한국에 기독교 세계관을 소개한 신학자인 송인규는 『죄 많은 이 세상으로 충분한가』에서 세계관을 1) 신과 이 세상, 2) 인간, 3) 죽음 이후의 세계, 4) 윤리/도덕의 개념, 5) 인류의 미래 등 다섯 가지로 분류했다(1985:별첨).

신국원도 『니고데모의 안경』에서 세계관을 크게 다섯 가지로 분류했다(2005:20-21).

1) 세상은 어디에서 왔으며 어떻게 존재하게 되었나?

2) 인생은 어디에서 와서 어디로 가는가?

3) 왜 세상은 이렇게 고통과 죄악으로 가득한가?

4) 구원이 실제로 있다면 그것은 어떻게 가능한가?

5) 사람은 무엇을 위해 살며, 세상과 역사의 목적과 의미는 무엇인가?

세계관을 비교종교적 관점에서 접근한 안점식은 『세계관 종교 문화』에서 세계관의 유형을 결정짓는 요소들 가운데 가장 핵심적 요소를 "궁극자, 인간, 자연과 그것의 삼자관계"로 보았다(2008:80). 그는 세계관을 이해하는 중요한 요소를 1) 인간의 죽음과 고통의 문제, 2) 고통에 대한 이해, 3) 궁극자, 인간, 자연의 상호 관계로 이해했다. 그는 모든 종교가 공식종교와 민간종교의 차원을 모두 지니고 있기에 이 두 가지 차원을 모두 포함해야 세계관을 올바로 파악할 수 있다는 의견을 제시했다(59-60).

여러 학자의 세계관 분류 유형과 기준들을 종합적으로 검토하면 다음과 같은 8가지 질문들을 바탕으로 세계관을 분류할 수 있다. '궁극적 실재인 신은 무엇인가?', '인간은 어디에서 왔는가?', '세상의 기원과 본질은 무엇인가?', '인간은 죽음 이후에 어떻게 되는가?', '세상에 악과 고통이 있는 이유와 그 해결책은 무엇인가?', '진리와 도덕은 절대적인가?', '개인과 사회에 대한 이해는 어떠한가?', '가치와 행복은 어디에 있는가?

세계관에 관한 여러 학자의 철학적 질문들을 비교, 정리해 보면 다음의 표와 같다.

<표 1> 세계관 분류 비교표

이름/내용	사이어	왈쉬, 미들톤	송인규	신국원	연구자
	참된 최고의 실재는?	나는 어디에 있는가?	신(神)		궁극적 실재인 신은 누구인가?
세계관 분류기준	인간은 무엇인가?	나는 누구인가?	인간	인생은 어디에서 와서 어디로 가는가?	인간은 어디에서 왔는가?
	우리 주변 세상의 본질은 무엇인가?		이 세상	세상은 어디서 와서 어떻게 존재하게 되었나?	세상은 어떻게 생겨나게 되었는가?

	인간이 죽으면 어떤 일이 일어나는가?		죽음		인간은 죽음 이후에 어떻게 되는가?
질문들	옳고 그름을 어떻게 구분하는가?	무엇이 잘못되어 있는가?	윤리/도덕의 개념	세상은 왜 이다지 고통과 죄악으로 가득한가?	세상에 악과 고통이 있는 이유와 그 해결책은 무엇인가?
	뭔가를 안다는 것 자체가 왜 가능한가?				진리와 도덕은 절대적인가?
	인간 역사의 의미는 무엇인가?	이 세상의 마지막은 어떻게 되는가?	인류의 미래	사람은 무엇을 위해 살며 세상 역사의 목적과 의미는 무엇인가?	개인과 사회에 대한 이해는? 가치와 행복은 어디에 있는가?

민간종교 차원에서의 세계관 이해

　기독교, 불교, 이슬람교와 같은 고등종교는 경전과 경전을 해설해 놓은 책이나 문서들이 많기에 철학적 질문들을 통해서도 그 종교들의 세계관을 이해하는 것이 어렵지 않다. 하지만 우리가 흔히 접하는 민간종교는 고등종교처럼 공식적으로 믿고 받아들이는 경전이 없고, 그것에 대한 해설서들도 없는 경우가 대부분이다. 그뿐 아니라 민간종교는 지방이나 집단에 따라서 종교의례나 신앙의 대상도 차이가 있기에 일관된 세계관을 파악하기가 쉽지 않다.

　고등종교는 그 종교가 주장하는 교리나 신념, 종교 행위를 강조하는 반면 민간종교는 일반 사람들이 보편적으로 따르는 종교적 신념이나 행위로 일상생활 문제를 다룬다. 고등종교가 우주, 사회, 자아의 궁극적 기원, 목적, 인간의 운명과 문제들을 다룬다면, 민간종교는 인생의 의미와 죽음의 문제, 이 세상에서의 행복과 불행의 문제, 미지의 영역에 대한 문제, 정의와 악 또는 불의의 문제들을 주로 다룬다(히버트, 2006:108). 따라서 민간종교의 세계관을 파악하는 일은 고등종교의 것과는 다를 수밖에 없다.

민간종교의 세계관을 파악하려면 먼저 민간신앙 차원에서 다음과 같은 질문들에 대해서 그 종교를 믿는 신앙인들이 어떻게 이해하는지를 알아야 한다. 민간종교가 흔히 제시하는 질문들을 네 가지로 살펴보면 다음과 같다(2006:113-16).

1) 사람들이 이생에서의 삶에 대한 의미를 어떻게 발견하며 죽음을 어떻게 설명하는가?
2) 사람들은 어떻게 좋은 삶을 살려고 하며 불행(질병, 가뭄, 홍수, 지진, 실패 등)이 닥칠 때 이를 어떻게 다루는가?
3) 사람들은 그들의 삶을 계획(또는 통제)하기 위해 미지의 세계를 어떻게 분별하는가?
4) 사람들은 어떻게 도덕적 질서를 유지하며, 무질서(악과 억압)와 죄를 다루는가?

민간신앙을 이해하려면 민간종교의 교리체계나 실천방식뿐만 아니라 그 종교의 세계관이 말하는 핵심적 질문과 근원적 문제의식을 비교종교 연구를 통해 찾아내는 총체적 접근 방법(integrated approach)을 취해야 한다(안점식, 2015:83). 각 민간종교 안에 내포된 의례나 신화, 상징들을 상호 비교하는 것도 좋은 방법이다. 즉, 다시 말해서 비교하고자 하는 두 종교의 문화와 관련된 비슷한 주제나 대조되는 주제를 찾아내서 교차문화적 비교 방법을 사용하는 것이다. 예를 들어 건국 신화를 비교한다든지, 민간 신앙에서 사용하는 종교의례와 그 도구들을 비교한다든지, 또 신화나 의례, 그리고 의례에 사용되는 도구들이 갖는 상징 등을 비교 고찰하는 것이다. 이러한 비교 방법은 특정한 세계관을 이해하도록 도울 뿐 아니라 시간의 흐름에 따라 세계관에 일어나는 변화 현상도 이해하도록 돕는다.

세계관을 파악하고자 할 때 한 가지 조심해야 할 것은 자문화중심주의(ethnocentrism)적 사고를 취하는 일이다. 자신의 문화와 자신의 상황 가운데서 받아들인 복음의 이해는 타문화를 이해하는 데 다리가 될 수가 있지만, 자기가 받아들인 복음과 문화가 가장 올바르고 좋은 것이라는 자문화중심주의적인 사고는 타문화나 그 세계관을 이해하는 데 때로 장애가 된다. 우리는 흔히 우리가 가지고 있는 세계관이나 문화가 올바른 기준이라고 생각하는 경향이 강하다. 그래서 다른 집단의 세계관이나 문화를 자기중심으로 판단하려는 유혹을 받는다. 그러나 모든 세계관과 문화들은 성경이라는 기준 아래서 평가받고 비판받아야 할 대상임을 명심해야 한다.

따라서 성경적 진리에 기초하여 연구자와 연구대상 집단의 세계관과 문화를 비판적으로 고찰하고 분석하는 작업이 필요하다. 예를 들어 한국 사역자는 타문화와 타민족의 세계관을 분석하고자 할 때, 먼저 한국문화를 객관적으로 바라보며 이해할 필요가 있다. 이러한 작업 없이 연구대상 집단의 문화와 세계관을 분석하고자 할 때, 앞에서 말한 것처럼 자문화중심주의에 빠져 연구자 자신의 문화나 관점으로 상대방의 문화나 세계관을 판단하는 실수나 오류를 범하기 쉽다. 특히 타문화사역과 관련해서 그리스도인이 다른 사람들에게 복음을 효과적으로 소개하려면 그 대상자들을 잘 이해해야 하는데 이를 위해서는 사람들의 경험, 가정, 논리 등에 기초한 그들의 세계관을 이해하는 일이 중요하다. 이것은 현지인과 사역자 모두의 세계관과 문화를 비판적으로 바라볼 때 가능하다.

3

몽골 샤머니즘과 세계관

몽골 샤머니즘과 세계관

몽골 사람들의 세계관이 무엇인지를 파악하기 위해서는 이들의 세계관을 형성하는 주된 종교들의 신념과 가치체계, 그리고 몽골이라는 사회 집단을 형성해 온 전통문화와 사상을 이해할 필요가 있다. 몽골의 세계관을 형성하는 데 가장 큰 영향을 미친 것은 몽골의 전통적 종교인 샤머니즘과 티베트불교라 할 수 있다. 몽골의 자연환경은 일찍부터 유목 환경을 형성해왔고 유목문화는 몽골 사람들의 문화와 정신세계에 적지 않은 영향을 미쳤다. 20 세기에는 구소련과의 정치적 협력에 의한 사회주의 사상이 반세기 넘게 몽골의 정치 사회 구조 전반을 지배했다. 1990 년 이후 민주화 운동과 함께 유입된 자본주의와 세속주의도 현대 몽골 사람들의 세계관 형성에 영향을 끼치고 있다. 필자는 몽골 사람들의 세계관 형성에 큰 영향을 미친 샤머니즘과 티베트불교, 유목문화, 그리고 사회주의를 비롯한 여러 사상을 차례대로 고찰하면서 몽골 사람들의 세계관 특성을 살펴보고자 한다.

샤머니즘의 이해

비교종교학자 미르치아 엘리아데(M. Eliade)는 샤머니즘이란 고대적인 엑스터시 기술(archaic technique of ecstasy)의 전문가인 샤먼을 중심으로

한 종교현상이라고 말했다(2003:16). 그는 샤머니즘은 신령과의 접촉을 통하여 재앙을 물리침으로써 인간의 온갖 소망을 성취할 수 있다고 믿는 샤먼을 중심으로 하는 원시적인 주술 종교적 현상이라고 이해했다(2002:24).

'샤먼'(Shaman)이라는 말은 17 세기 후반의 서구 민속학자들이 중앙아시아의 유목민족들 사이에 퍼져 있는 보편적인 종교현상을 시베리아 지방의 종족들 사이에서도 발견하면서 주술적 자질과 능력을 가지고 병자를 고치고 저 세상과 교통할 수 있는 사람들을 퉁구스족들의 토착 언어인 샤먼이라고 불렀고, 그 종교적 체계를 샤머니즘이라고 명명한 데서 유래했다(정진홍, 1982:131). 고대 시베리아와 동북아시아에서의 샤먼은 부족장이면서 그 부족의 재판관이자 종교적 사제이며 예언자이고 또한 치료사의 역할을 했다(조흥윤, 1999:19-24).

샤머니즘은 모든 물체에 정령(anima)이 깃들어 있다고 믿는 애니미즘(a-nimism)에 기초하고 있다. 애니미즘 사회의 사람들은 모든 동물과 식물을 포함하여 자연의 사물에는 보이지 않는 정령이 깃들어 있다고 믿고 숭배한다. 세상의 사물이나 자연 현상에는 정령이 깃들어 있으며 이런 정령들과 소통하기 위해서는 특별한 능력을 가진 중개자가 필요한데, 그 역할을 하는 자가 샤먼 곧 무당이다. 무당은 정령과 직접 교통하는 자로서 제사나 주술 등으로 액과 재앙을 없애고 복을 가져오는 역할을 한다. 류동식은 무당의 기능을 크게 세 가지로 분류하는데 "사람과 신령 사이에서 행사하는 중개 역할을 하는 사제적인 기능, 점복이나 공수라고 하는 신탁으로 신령의 뜻이나 앞으로 일어날 길흉을 사람에게 알려주는 예언적 기능, 질병의 숨은 원인을 알아내고 병마를 쫓아내어 질병을 고쳐주는 치료의 기능이다"(1975:153).

이안나는 몽골 사람의 사유 속에 자리 잡고 있는 신앙적 세계관에는 무속이 중요한 지위를 차지하는데 "무속은 단독으로 생성된 것이 아니라 전 단계의 페티시즘(물신숭배), 토테미즘, 애니미즘, 주술 등의 원시신앙의 기초 위에서 발생했기 때문에, 몽골사람의 무속의 신앙적 세계관에는 다양한 형태의 원시 신앙이 흡수되어 있다"라고 말한다(2010:7). 이처럼 몽골사람들의 신앙은 자연이 생명체이며 인간과 유기적 관계를 갖는다고 믿는 자연 신앙에 기초하고 있다.

샤머니즘의 특성

샤머니즘을 형성하는 주된 삼 요소가 있는데 그것은 무당, 신령, 그리고 무당과 신령을 이어주는 굿이라는 의례이다.

샤머니즘의 중요한 특징 중 하나는 신의 뜻을 알고 신의 진노를 달래는 중개자 무당의 존재이다. 흔히 종교라고 하면 경전과 의례와 조직이라는 3대 요소가 필요한데, 샤머니즘은 기록이 되어 있는 공인된 경전이 없으며 조직도 정비되어 있지 않다. 따라서 샤머니즘과 같이 종교적 요소를 갖추지 못한 경우에는 전문적으로 종교적 기능을 행사하는 인물이 주도적 위치를 차지할 수밖에 없는데, 그것이 바로 무당이다. 개인이나 공동체에 불행이나 재난이 닥치면 이와 관련된 신이나 신령을 달래야 하는데 이것은 보통 사람들의 능력 밖의 일이다. 그래서 신과 가깝다고 생각되는 중재인을 절대로 필요로 하는데, 신과 인간의 중간 역할을 하는 이가 바로 무당이다. 이들은 신령들과 교감함으로써 사람들에게 신령의 뜻을 전달하거나 신을 위무하여 사람들의 질병이나 각종 화의 원인을 제거하는 중개자의 역할을 감당한다.

몽골에서는 무당을 일반적으로 '버'라고 일컬으며 남자 무당을 '자이랑', 여자 무당을 '오드강'이라고 부른다. 몽골의 무당들은 하늘을 최고의 신으로 삼고 인격이나 신격화된 자연계의 모든 신령을 그 주위에 배치하여 숭배하며, 신을 부를 때 주술을 외운다. 이로써 신령들과 교감하여 사람들에게 신령의 뜻을 전달하거나 신을 위무하여 사람들의 질병이나 재화의 원인을 제거하는 역할을 감당한다(박환영, 2013:124).

몽골의 무당은 크게 흑무당과 백무당으로 구분하는데, 흑무당은 흑천신과 흑옹고드에 빙의된 무당으로서 인간을 위험과 온갖 위협에서 보호하고, 적에게 원수를 갚는 무당이다. 흑무당은 용맹함의 상징이며 엄한 질서를 존중한다. 백무당은 몽골에서 대다수를 차지하는데, 인간의 전반적인 삶을 선한 방향으로 이끌며, 사회 관습법을 지키게 하고, 천신, 지신, 산천신과 인간들이 서로 어떻게 관계하는가를 가르치고 배우게 한다. 백무당은 악으로부터 인간을 보호하고 지키는 자애로움의 상징이라 할 수 있다. 한편 티베트불교의 전파로 불교화된 무당을 황무당, 불교와 타협하지 않고 전통을 지켜나가는 무당을 흑무당이라고 한다.

또 몽골의 무당은 한국과 같이 크게 강신무와 세습무로 나뉜다. 강신무는 로스(수신)에 실려 무당이 되는 경우와 옹고드가 내려 무당이 되는 경우가 있다. 무당이 될 시기가 오면 주로 가계의 후손에게 옹고드가 내리게 되는데 정신을 잃고 쓰러지거나 유령이나 헛것을 보고, 조상의 영혼이 보이는 등의 신기한 경험을 하게 된다. 이것을 신병이라고 하는데, 신병은 무당이 되기 전에 옹고드가 빙의 되어 나타나는 의학적으로 치료하기 어려운 병을 말한다. 이때는 큰 무당에 고하고 그 아래 제자로 들어가 무당의 여러 가지 기술과 비법을 배우고 신내림을 받으면 신병이 낫는다.

샤머니즘의 두 번째 특징은 인간들과 관계하는 신령들의 존재이다. 몽골의 경우 '영원한 푸른 하늘'(뭉흐 허흐 텡게르)아래 99 천신이 있다. 뭉흐 텡게르는 시작도 끝도 없는 스스로 만들어졌다는 면에서 서양의 신과 비슷하지만, 자연과 우주의 섭리와 정신을 내포한 개념으로 보면 자연의 신성에 가깝다(이안나, 2010:211).

몽골 샤머니즘에서 가장 중요한 신령은 '옹고드'라는 신령이다. 무당이 죽은 지 3 년이 되면 조령이 되는데 이것이 옹고드다. 일반인이 죽으면 그 영혼은 다른 사람이나 동물로 다시 태어나지만, 무당들의 영혼은 옹고드의 세계, 흑암의 세계라는 곳에 존재한다. 무당의 사후 3년이 지나면 옹고드가 되는 의례를 행하는데, 옹고드는 아무나 되는 것이 아니고 특별한 사건으로 유명해진 사람이나 초능력을 가진 존재가 죽으면 그 영혼이 옹고드가 된다(2010:210). 옹고드는 자신의 후손에게 빙의하는데 옹고드가 실리면 그 후손은 무당이 된다. 어트거니 푸레브는 빙의를 "수신, 수호신들과 연결된 고인이 된 조상들의 영체가 사람에게 영향을 끼치는 현상"으로 보았다. 옹고드는 무당이나 특별한 존재가 죽어서 불사의 영으로 있으면서 그 후손에게 빙의되는 조상 신령의 의미가 가장 일반적이다. 몽골 무당들은 옹고드들 중에서 칭기스칸 옹고드가 가장 세다고 말한다. 몽골 사람들은 자식들의 생명, 건강, 행복을 영향력 있는 옹고드에게 의탁하여 지키게 한다. 옹고드는 그 좌정하는 장소가 있을 뿐 아니라 또한 늘 움직이고 활동한다. 옹고드는 오보나 무당나무, 인적이 없는 척박한 주거지 등에 거주하며, 옹고드의 움직이는 소리는 북(몽골어로 헹게렉), 종소리, 휘파람 소리로 알 수 있다고 한다. 옹고드는 주로 밤에 움직이기에 밤에 초원에서 자는 것은 조심해야 한다.

　샤머니즘의 세 번째 특성은 굿이다. 굿은 샤머니즘의 가장 큰 제의로서 불행을 제거한다든가 궂은일을 극복하고 행복이나 구원을 기원하는 종교 의례라고 할 수 있다. 몽골 굿은 비교적 정적인 편인데 주로 앉아서 하거나 일어나서 북을 치면서 무가를 부르는 방식이다. 굿에는 술과 담배가 많이 쓰이는데 이는 신을 부르기 위한 최음제 구실을 한다(장장식, 2002:71). 몽골 굿의 진행은 옹고드 신령을 초빙하여, 그와 대화를 하고, 돌려보내는 일이 핵심을 이룬다. 몽골 굿의 종류는 병을 고치는 치병굿, 다른 사람을 위해서 하는 재수굿, 만물이 생동하는 날이라는 의미를 담아 행하는 봄맞이굿 등이 있다. 치병굿은 청신 단계에서는 양을 잡고 하늘의 신령인 텡게르에게 제사하며, 신을 영접하기 위해 무가를 부르고 신들이 강림하도록 기원한다. 초혼의 단계에서는 영혼을 부르고 의례를 행한다. 무당이 문 쪽을 향해 북을 치면서 무가를 부른다. 빙의의 단계에서는 무당이 춤을 추다가 무아지경(ecstasy)에 이른다. 송신의 단계에서는 무당이 육체에 빙의된 신들을 각각 자기 처소로 보내는 의식으로 일단 이것이 끝나면 치병굿은 끝난다(2002:72).

몽골에서는 무당이 되려면 일정한 굿(의례)을 행하는데 백무당의 경우 '찬드로 네르흐'라 하여 양고기로 술을 증류하는 의례를 행하고, 흑무당은 '차나르' 의례를 행한다. 흑무당의 차나르 의례는 13 단계가 있고 9 단계를 넘으면 자이랑(zairan)이라고 한다. 새 무당은 매달 29 일에 신을 모시는 의례를 베풀고 굿을 하며, 3 년 후에 다시 '찬다르' 의례를 행한다(이안나, 2010:229). 이렇게 6-8 년 뒤 다른 무당들과 집집을 돌며 굿을 하고 그 이후 진짜 무당이 된다.

샤머니즘의 기본 도표를 보면 다음과 같다(최준식, 2009:23).

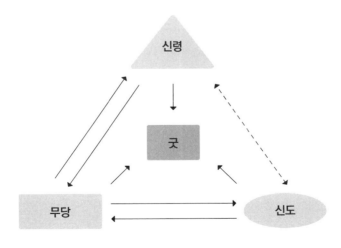

그림 2. 샤머니즘의 기본 구조

샤머니즘의 세계관

신관

샤머니즘은 다신교적 신앙 체계를 가지고 있다. 샤머니즘의 신령은 인격적으로 사람과 교통함으로써 자신의 뜻을 나타내기보다는 무서운 고통이나 벌을 내림으로써 자신의 의사를 전달하는 두려운 존재이다. 신령들은 대개 각자 인간을 위한 분담된 직무가 있으며 분담된 직무에 대해서는 무한한 능력자로 나타난다. 신령들은 사람들의 삶과 죽음, 질병, 복과 화 등과 관련하여 존재하며 신령들의 뜻에 따라 인간의 운명을 주관한다(김태곤, 1993:152). 몽골 샤머니즘의 신령들은 사람들의 현세적 길복을 위하여 존재하며, 계층적으로 영적 존재를 인식한다.

첫째, 지고신은 인간의 삶, 수확, 자연현상을 관장하는 만물의 궁극적인 원인으로 몽골에서는 텡게르라고 한다. 몽골을 비롯한 동북 아시아계 민족은 전통적으로 하늘과 땅, 즉 천신과 지신을 가장 큰 숭배의 대상으로 삼아왔다. 몽골 사람들은 신격화된 하늘을 '뭉흐 텡게르' 또는 '어트겅 텡게르'라고 불렀는데 이것들은 모두 '영원한 하늘'이라는 의미가 있다. 몽골 사람들에게 하늘은 최고의 신이었으나 이것은 하늘을 상징하는 추상적인 신이기 때문에 여타 신령들처럼 우상을 만들지 않았다(박원길, 1996:36).

몽골 사람들은 하늘 외에도 여러 신들 하늘의 일신, 월신, 성신, 지상계의 지신, 산신, 인신, 화신, 수신을 비롯한 여러 신령을 숭배했다. 또 조상의 영혼도 자신이나 씨족을 지켜주는 능력을 지니고 있다고 믿고 조상신들에게 경배했다. 몽골 사람들은 조상의 신령이 자연에 의하여 유발되는 끊임없는 위험이나 사악한 정령에 의해 일어나는 질병이나 재난, 위험과 시련에서 후손들과 그 재산을 보호하여 준다고 믿었다(하이시히, 2000:137). 그리고 몽골 사람들은 불을 부정의 제거와 가계의 번영을 상징하는 것으로 여겨 이를 숭배했다. 또 자신들의 씨족이나 부족을 지켜주는 '술드'라는 수호신을 섬겼다(2000:164). 이처럼 몽골의 샤머니즘은 자신들의 삶에 직, 간접적으로 영향을 주는 자연을 다양한 의인화된 신으로 숭배하며, 조상신과 다양한 영들을(몽골어로 옹고드) 섬긴다. 몽골 사람들은 자연에 신이 편재해 있다고 보는 범신론적 세계관을 가지고 있으며, 이러한 신성을 믿고 제의함으로 삶의 조화 질서를 유지, 회복할 수 있다고 믿는 것이 몽골 사람의 전통적 생활신앙이다(이안나, 2010:3).

몽골 사람들은 모든 자연현상의 이면에 무수한 신들이 존재한다고 믿는다. 이들은 세상을 세 개의 층으로 나누는데 하늘에는 99 천신이, 땅에는 77 지모신이, 지하는 7 층, 77 층으로 이루어져 있다고 본다(2010:66).

몽골 사람들은 씨족, 부족, 인간들의 기원을 하늘에서 점지하여 태어난 늑대, 사슴, 고니, 소나무 등으로 보고 이것들을 '하르승 텡게르'(수호신)라 하여 신앙해 왔다. 이것은 조상신 개념을 가진 집단과 개인의 수호신이라 할 수 있다. 이처럼 옹고드 숭배는 조상숭배에 그 기원이 있다. 고대인들은 자신들의 조상이 완전히 죽은 것이 아니라고 여겨 그 형상을 만들어 신체를 만들어 모셔두고 그 앞에 음식을 놓아 제의를 드렸다. 몽골 사람들은 조상신을 모실 때 그들이 살아생전 즐겨 사용하던 옷, 모자, 활, 화살, 안장, 등좌 등을 신성하게 간직하여 제의를 드린다. 몽골 사람들은 돌아가신 부모의 옹고드가 어떤 구체적인 형태로 남는다고 믿는다. 그래서 신물이 될 만한 것들을 게르 천장 중앙에서 내려뜨린 끈에 묶거나 주머니 등에 넣어 식사 때마다 첫 번째로 뜬 음식을 드렸다. 몽골의 조상숭배에서 가장 보편적인 풍속은 칭기즈칸 신령 숭배이다. 한식에는 능묘에서, 섣달 그믐날에는 초원에서 향을 피우고 절을 한다. 몽골 사람들은 게르의 상석이나 집 밖의 가축우리에 조상신이 거한다고 믿는다. 집안에 잡귀가 드는 것은 조상신, 그리고 하르승 텡게르나 자야치 옹고드를 제대로 모시지 않았기 때문이라고 여긴다. 그래서 해마다 정월 초하루나 섣달 그믐날 아침에 조상에게 제의를 올리는 풍속이 있다(2010:234-36).

이처럼 몽골의 샤머니즘은 자신들의 삶에 직, 간접적으로 영향을 주는 자연을 다양한 의인화된 신으로 숭배하며, 조상신과 다양한 영들을 섬기는 다신론적 신앙체계를 가지고 있다.

우주(자연)관

우주관이란 우주 만물이 어떻게 해서 존재하게 되었는지, 또 인간과 우주와의 관계는 어떠한지에 관한 질문과 연관된다. 샤머니즘의 무가(巫歌)들을 살펴보면 우주 만물의 생성 근원에 대한 대략적인 내용을 알 수 있다. 샤머니즘은 우주가 제일 처음에는 혼돈 상태였으며 어둠의 혼돈 상태에서 하늘과 땅, 그리고 인간을 비롯한 만물이 생겨났고 신이 질서를 잡아 다스리게 되었음을 말한다. 무가들을 보면 신에 의해 태초에 천지가 개벽되고, 하늘과 땅이 열린 천지개벽 후에는 질서의 단계로 접어들어 우주의 계층이 형성되었음을 보여준다(김태곤, 1971:210-11).

몽골의 샤머니즘은 자연적 지리조건과 밀접한 관련이 있다. 천체의 운행적 질서와 신적 존재의 에너지를 동일시하고, 자연과 신성을 하나로 인식하는 사고방식을 가지고 있다. 자연은 살아있는 유기체, 즉 생명체로 보며 인간과 유기적 관계를 맺는다고 믿는다. 몽골 사람들은 일반적으로 산, 강, 호수, 나무, 돌 등을 어머니로 여기는 관념을 가지고 있다. 대지는 어머니이고 물은 생명의 젖줄이며 어머니의 피라고 생각하는데, 이것은 인간과 자연을 일체로 보는 시각을 나타낸다(이안나, 2010:9-10).

특히 몽골 샤머니즘은 모든 자연만물에 생명과 영혼이 깃들어 있다는 애니미즘, 즉 자연신앙적인 세계관을 가지고 있으며 하늘과 대지, 그리고 자연을 관장하는 신들이 있음을 믿는다. 자연은 하나의 정신적 존재이기에 인간이 존중하지 않으면 화를 불러일으키거나 부정적인 영향을 미친다고 믿는다. 물을 더럽히는 것도 어머니의 피를 더럽히는 것이라고 본다. 자연물을 살아있는 개체로 보는 것이 몽골 샤머니즘의 특징이다(2010:8).

어트거니 푸레브는 "몽골 무교의 전반적 성격"에서 세상에 대해 다음과 같이 말했다(2001:26).

세상은 옛날에 하나의 무질서한 덩어리였다가 그 덩어리는 가운데서부터 불이 되어 모든 것이 발생했다. 하늘은 양이고 땅은 음이고, 모든 것의 아버지는 하늘이고 어머니는 땅이고, 지금 존재하는 모든 것의 모양을 만들었다.

즉, 몽골 사람들은 하늘을 아버지로, 땅을 어머니로 여기고 숭배했다. 몽골 샤머니즘의 전통을 그대로 간직하고 있는 흑무당은 세상을 양지와 음지로 구분했으며 양지의 세상은 빛과 시간의 한계와 먼지가 있는 곳으로, 음지는 사람의 눈에 보이지 않는 곳이며 죽은 다음에 영혼이 존재하는 곳으로 보았다.

몽골 샤머니즘은 세상은 세 개의 층으로 이루어져 있으며, 이를 상, 중, 하로 나눌 수 있는데, 이 모든 곳에는 사람과 생명체가 살고 있으며, 세 개의 세상(대륙)은 질적으로 다른 층이 아니라 지대가 높고 낮은 대륙의 차이라고 여긴다(2014:73-81). 그리고 세상의 만물에는 모두 영혼이 있다고 생각한다. 몽골의 세계관은 수평적이면서도 수직적인 세계관을 가지고 있다. 몽골의 수평적 세계관은 대지신앙을, 수직적 세계관은 하늘신앙을 근간으로 한다. 몽골은 세상을 삼계로 구분하면서 영원한 하늘은 '뭉흐 텡게르', 땅은 '에투겡 에흐'라고 하는 지모신, 지하는 '에를렉 칸'(염라대왕)이 다스린다고 믿는다. 학자들은 몽골의 수직적 세계관은 불교의 영향을 받아 변화된 것이며 원래 몽골의 세계관은 수평적이라고 말한다(2014:70-71).

몽골신화에서는 삼계(三界)를 대륙(몽골어로 티브)이라는 단어를 사용하여 모두 사람과 동물들이 거주하는 지대가 높고 낮은 차이로 설명했는데 이렇게 세상을 대륙으로 표현한 것은 몽골 사람들이 예로부터 수평적 세계관을 갖고 있었음을 보여준다. 그런데 불교의 영향으로 수평적 세계관이 수직적이고 층위적인 세계관으로 바뀌어 삼계를 세상(몽골어로 유르틍츠)이라는 용어를 사용하여 천상계는 신이 살고, 지하계는 악귀가 사는 공간계가 되었다(2014:73-81). 그래서 불교의 영향을 받은 황무당은 세상을 상층은 거룩하고 자비로운 좋은 세상이며, 중간층은 인간과 동물들이 거주하고, 하층은 죽음과 질병이 가득한 지옥과 같은 곳으로 여긴다(푸레브, 2014:70-71). 학자들은 위 두 가지가 함께 나타나는 신화는 과도기적 성격을 띠는 것으로 본다(이안나, 2010, 65).

이처럼 몽골의 샤머니즘은 세상을 크게 삼계로 나누되 이승과 저승은 원래는 수직적 개념이 아니라 수평적 개념을 가지고 있었음을 알 수 있다. 특별히 세상은 신령과 인간이 함께 거주하는 통합적 개념을 가지고 있으며, 자연 안에 신령이 깃들어 있다고 믿고 있음을 알 수 있다. 따라서 자연은 인간과 마찬가지로 신령의 다스림을 받는 장소이며 인간과 유기적 관계를 맺는 생명체라는 의식이 강함을 알 수 있다.

인생관

샤머니즘은 다른 고등종교처럼 인생의 목적이 무엇인지, 어떻게 사는 것이 올바른 것인지와 같은 철학적이고 윤리적인 해답을 제시하지 않는다. 다만 인간의 생사화복이나 흥망성쇠는 인간 스스로의 노력에 의해 좌우되기보다는 신령의 뜻에 달려 있다는 운명적인 인간관을 피력한다.

몽골 샤머니즘에서 인간은 신에 대해 의존적일 수밖에 없는 나약한 존재이다. 몽골 사람들은 인간을 자연의 일부로 보며 자연의 배후에는 보이지 않는 힘이 존재하는데 이것은 인간의 정신적, 물질적 삶에 유기적으로 연결되어 있다는 관념을 가지고 있다. 자연에는 신령이 깃들어 있기 때문에 신령들을 노하게 하는 행위를 해서는 안 된다고 여긴다. 그래서 몽골 사람들은 자연적 삶의 질서와 조화를 중시한다.

몽골 샤머니즘에서 동물과 인간은 육체와 영혼의 이원적 결합체로서 육체는 일정한 기간에 이르면 사멸하나 영혼은 영원하며 살아있는 사람과 동일한 인격을 갖는다고 믿는다. 또 앞에서 살펴본 것처럼 인간과 동물뿐만 아니라 세상만물에도 영혼이 있다고 믿는다. 몸은 죽어도 영혼은 남아서 다른 존재로 태어나거나 조상신, 귀신, 기타 혼령이 된다고 생각한다. 몽골 사람들은 인간을 자연의 일부로 보는 광의적 자연관, 생명관과 아울러 인간의 사고와 태도가 자연에 영향을 미치며 그에 따른 상응한 대가를 받는다는 자연과 인간 간의 유기적 인과응보 신앙관을 갖고 있다(이안나, 2010:2-3).

인간의 영혼은 몽골어로 '순스', '술드'라고 하는데 이것은 인간을 활동하게 하는 생명력, 원기를 의미한다(2009:503). 사람의 영혼은 서너 개로서 잠잘 때에는 영혼 중의 하나가 산보를 나가 잠을 자게 되는 것으로 믿으며, 이때 영혼이 길을 잃어 집에 돌아오지 못하거나 나쁜 영이 그 혼을 잡아가 타계로 끌고 가게 되면 병이 생긴다고 여겼다. 몽골 샤머니즘에서는 영혼이 육신에서 아주 떠나가는 것을 죽음의 상태로 보는데, 영혼은 육신이 죽은 후에도 새로운 사람으로 세상에 태어나거나 내세인 저승으로 들어가서 영생한다고 믿었다. 현세에서 유복하게 한없이 오래 살다간 사람은 사후에도 영혼이 선해지고, 반대로 만족하지 못한 삶을 살다간 사람의 영혼은 특히 원한으로 사후에도 인간을 괴롭히는 악령의 성격을 띠게 된다(박환영, 2008:195).

푸레브는 몽골 샤머니즘에서는 피와 살의 혼, 뼈의 혼, 지성의 혼 등 세 가지 영혼이 있다고 말한다. 피와 살의 혼은 어머니에게서 물려받은 것으로 죽으면 심장에 머물러 있다가 사라지는 유한한 혼이다. 뼈의 혼은 아버

지에게서 물려받은 것으로 인간의 모든 뼈를 통해 존재하다가 죽으면 골
반에 있다가 3년이 되어 엉덩이뼈가 없어지면 사라지는 유한한 혼이다.
마지막 지성의 혼은 어머니 배 속에 있을 때 왼손 약지를 통해 들어와 일
생 동안 뇌, 척수의 관을 통해 있다가 죽어서 뼈가 사라지면 하늘로 올라
가 흑암의 공간에 영원히 거주하는 무한한 혼이다. 이처럼 인간의 혼은 두
개의 유한한 혼과 한 개의 무한한 혼이 있다고 여긴다(2014:133).

　몽골 샤머니즘에 반영된 영혼은 일시적인 영혼이든, 불멸의 영혼이든
현세에서 맺어진 인연과 인간관계를 무시할 수 없으며 오히려 현세의 삶
과 밀접하게 연결되어 있다. 따라서 영혼은 현세를 살아가는 사람들의 입
장에서 볼 때 소통할 수 있는 친근한 대상이면서 현세에 대한 미련과 아쉬
움을 내포하고 있는 두려움의 대상이라고 할 수 있다.

　몽골 샤머니즘의 원조라 할 수 있는 흑무당은 내세라는 개념을 인정하
지 않는다. 인간이 죽으면 그 영혼은 한 사람에게서 다른 사람에게로 옮겨
가는 것이지 새로 태어나는 것은 아니라고 여긴다. 따라서 샤머니즘은 불
교적 윤회사상이나 내세관을 인정하지 않는다. 샤머니즘에서 이생의 세계
외의 다른 세계는 중시되지 않는다. 전통적 구원은 곧 현세에서 이루어지
는 것이다. 몽골 샤머니즘에 윤회와 내세 개념이 생긴 것은 티베트불교의
영향이라 할 수 있다.

　생전의 선악과 관계없이 인간은 죽으면 그 혼이 음지에 있다가 다시 다
른 사람의 몸에 들어온다고 믿는다. 따라서 몽골 샤머니즘은 인간의 혼이
다른 사람의 혼으로 옮겨간다고 믿기에 인간의 환생은 인정하지만, 인간
의 삶이 끝없이 계속 윤회한다는 개념은 인정하지 않는다. 하지만 흑무당
은 옹고드가 거하는 세계는 윤회의 법칙이 미치지 않으며 옹고드는 무당
을 통해서 저승에서도 이승의 세계에 관여할 수 있다고 믿는다. 이것은 영
원의 개념을 부정하지 않는다는 의미이다. 그런 면에서 몽골 샤머니즘의
세계관은 유한함과 영원함이라는 이중적 특성이 있다고 할 수 있다.

　실제로 샤머니즘에서 이 세상은 영원한 어둠의 세계와 비교할 때 인간과 동물이 일시적으로 사는 빛의 세계이다(2014:363). 고대 몽골에 있었던 순장 문화는 사후에 영혼이 이 땅에서처럼 계속 삶을 영위해 간다는 세계관적 특성을 보여준다. 고대 몽골 사람들은 사람이 죽으면 어디든 가는 것으로 생각하였다. 그래서 순장을 할 때 주인의 말을 부장품으로 넣은 것은 주인이 타계로 이동할 때, 그 말을 타고 가기에 말이 주인께 봉사한다고 여겼기 때문이다(이안나, 2010:92). 그러나 티베트불교가 들어온 이후 그 영향을 받은 황무당의 인생관은 전생, 이승, 저승의 삼생관의 형태를 띤다. 이들은 사람이 이승에서 죽으면 저승으로 가게 되는데, 그때 선악의 응보에 따라 생전의 선·악에 대한 심판을 받는다고 생각한다(2014:128-29). 선한 일을 한 영혼은 극락으로 보내어져 영생하게 되고, 악한 일을 한 사람의 영혼은 지옥으로 보내져 영원히 온갖 형벌을 받는다고 믿는다.

　샤머니즘은 몽골 사람들의 일생 전체에 영향을 미쳤다. 최근에는 이런 관습이 덜하지만, 몽골 사람들은 악신에 대한 두려움 때문에 유아 사망기의 위험을 넘긴 후에야 아이들의 이름을 짓는다. 아이들의 이름은 '이 아기가 아님'(몽골어로 엔비쉬) 혹은 '이름없음'(네르구이), '저 아이가 아님'(테르비쉬)이라고 지어 악신을 혼란스럽게 하여 위기를 넘기려고 한다(마르꾸 제링, 2003:273). 고산에 사는 산신들에게 우유나 음식 등으로 공양을 바치며 기도한다. 이 때문에 '오버'(성황당과 같은 돌무덤)가 일반적으로 사람들이 지나다니는 고개 꼭대기에 많이 있으며, 이곳을 지나는 사람들은 이 돌무더기를 시계방향으로 세 번 돌면서 그곳에 거하는 자연 신령들에게 예를 표하였다. 부적은 사람들에게 행운과 운명을 매일매일 공급해주는 힘으로 여겨 목이나 팔에 묶고 다닌다. 사람이 죽으면 그 혼이 좋은 곳으로 가도록 최선을 다해 사령제를 행한다(2003:274).

내세관

샤머니즘의 내세관은 다른 고등종교처럼 종교적 구원 관념이 없으며 내세를 자연적 순환의 의미로 본다(김태곤, 1993:156). 사람이 죽으면 그 근원지라 할 수 있는 저승으로 돌아가는 순환의 원리로 이해했다. 샤머니즘의 내세관은 영혼이 불멸하여 영생한다는 것을 전제로 하고 있다. 인간이 죽으면 육체는 지하에 묻히나, 영혼은 죽음의 사신에게 이끌리어 어디론가 가게 된다. 그곳은 현세의 반대편에 있다고 믿는 사후의 세계로 영혼이 가서 영원히 거하는 곳이다. 그러므로 내세라고 하는 것은 현세와의 관계를 일절 끊고 새로운 생활이 시작되는 이상향과 같은 곳이다. 즉 죽음을 초월한 또 하나의 새로운 세계의 시작이며 삶의 연장이라고 할 수 있다.

몽골 샤머니즘은 티베트불교의 영향으로 인해 내세관에 있어서 전통적 흑무당과 백무당 사이의 차이가 있다. 흑무당은 내세라는 관념이 없다. 흑무당은 인간이 죽으면 그 영혼은 흑암의 세계로 가서 오랫동안 머문다고 믿으며 내세관은 불교의 영향으로 생긴 것으로 여긴다. 몽골은 원래 매장을 중시했다. 몽골에 한때 유행한 풍장은 불교의 영향이다. 왕의 시신은 민족혼을 대표하는 성격을 띠기에 비밀스럽게 처리했다. 고대인은 사람이 죽으면 어디든 가는 것이라고 생각하였다. 고대에 주인의 말을 부장품으로 넣은 것은 이동할 때 그 말을 타고 가기에 주인께 봉사한다고 보았다. 순장 문화는 사후에 영혼이 이 땅에서처럼 계속 삶을 영위해 간다는 내세관을 보여준다(이안나, 2010:94-95). 그런데 왕권이 강화된 이후 하늘숭배 사상과 함께 하늘로 올라가는 영혼의 관념이 강해지게 되었다. 사람이 죽을 때 '보르항'이 되었다고 말하는 이것은 처음 땅과 연관되어 사용하다가 후에 하늘과 관련하여 쓰게 되었다. 인간의 환생에서 인과보응은 불교적 윤회관에 따른 것이고 몽골 샤머니즘은 생전의 선악과 관계없이 환생한다고 본다.

　몽골에서 고대의 화장은 육체 혼과 아울러 자유혼의 관념이 발달된 것을 보여준다. 무당들이 죽으면 건조시켜 집에 보관했고 앉혀서 묻는 매장법도 있었으며, 부리아트에서는 화장 외에 미라를 만드는 방법도 있었다. 부리아트의 매장관습을 살펴보면 관의 뚜껑은 흰색이나 푸른색, 관의 안쪽은 노란색, 흰색 천을 사용한다. 어른의 부장품은 지팡이, 여자는 바늘과 실, 아이는 장난감과 고인이 즐겨 쓰던 물건을 넣기도 한다. 매장은 월, 수, 금 중에서 택하며 시신의 머리부터 나가게 하는데, 이는 고인의 영혼이 되돌아오지 않도록 하기 위함이다. 몽골 사람들은 보통 고인을 매장한지 7일, 21일, 49일째에 고인의 무덤에 간다. 또 사람이 숨을 거두면 흰천으로 덮고 시신에 손을 대는 것을 금한다. 고인의 옷에 눈물을 흘리지 않는다. 집 안에 사람이 죽으면 반드시 3일 뒤에 집터를 이동하는데, 매장한 쪽으로는 이동하지 않는다. 장례를 위해 힘쓴 사람에게는 하닥(푸른 비단으로 된 천), 차, 돈을 두고 조문객들에게는 바늘, 실, 성냥 등을 주며, 찾아온 사람에게는 비누나 향을 준다. 이것들은 모두 정화의 의미를 갖는 물건들이다. 일반적으로 조문을 가서는 인사말을 나누지 않으며 음식을 내준 사람에게 고맙다는 말을 하지 않는 것이 특징이다. 가족 안의 식구가 죽으면 보통 1년간은 근신한다.

구원관

　샤머니즘에서 말하는 악이란 도덕적 선악과 직접적인 관련이 없으며, 한 개인 또는 집단의 현세적 부와 행복, 평안을 방해하거나 저하시키는 힘이나 요소들을 말한다. 따라서 샤머니즘의 구원은 이러한 악을 신령의 힘에 의지하여 제거하거나 피함으로써 개인의 행복이나 건강, 공동체의 안녕과 풍요 등을 회복하거나 누리는 것을 말한다(정수복, 2007:307-08). 샤머니즘에서의 구원은 전쟁이나 질병, 자연의 여러 재앙, 운명의 불행을 극복하기 위해 여러 신령에게 의탁하여 자기의 소원을 빌어 생의 안전과 보

호, 육신의 건강과 복을 얻는 것이다(하이시히, 2003:35). 이런 면에서 샤
머니즘의 구원은 매우 현세적이고 기복적이며 개인주의적이다.

샤머니즘에서 말하는 '재수'라는 말은 단순히 금전이나 건강, 장수를 위
한 좋은 운수를 나타내는 말에 국한되는 것이 아니라 오히려 삶 전체의 안
전, 보호, 생존의 보장 등을 의미한다. 즉 한이나 살, 역, 고 등으로 표현되
는 부조화를 제거하고 새로 얻는 조화로 말미암아 실현되는 궁극적이고
총체적인 구원을 뜻한다(2003:30-31).

몽골에서 무당을 통한 의례(굿)는 건강과 치료를 위한 것으로 샤머니즘
의 구원관과 연관된다. 굿을 통하여 인간은 화를 면하고 복을 불러들이는
제재초복을 염원한다. 굿은 인생의 위기 상황에서 한을 풀어 액을 없애고
세속적 행복을 누리게 하는 것을 목표로 한다(정수복, 2002:307). 인간의
고통이나 불행을 신께 알리어 신의 능력을 힘입어 고통에서 벗어나고 불
행을 행복으로 전환하고자 하는 것이다. 굿은 재물, 장수, 평안이라는 인간
의 욕망과 염원을 신을 통해서 이루고자 한다는 면에서 샤머니즘의 구원
은 한을 풀어 액을 피하고 복을 받는 일이 궁극적 목표라고 할 수 있다.

샤머니즘에서 구원은 또한 조화의 회복에 그 목적이 있다. 인간 세상의
문제는 여러 관계 사이의 조화가 깨진 상태에서 발생하는데 굿의 기능은
이런 관계 문제로 인해 맺힌 갈등과 원한을 풀어 조화의 상태를 회복하는
것이다. 인간 세상의 삶을 부조화의 연속으로 보고 그 상태를 인간의 정성
으로 극복하려는 조화의 원리가 바로 샤머니즘의 구원관이다(2007:304).
따라서 샤머니즘은 이 세상 안에서 작용하는 초인간적인 힘에 의지하여
인간의 자유와 해방을 추구하는 자력구원과 타력구원의 요소를 결합한 형
태의 구원관을 갖는다.

몽골의 샤머니즘은 앞에서 언급한 내세관에서도 살펴봤지만, 기본적으
로 이생이나 이 세상을 떠난 내세에 대한 개념이 없었다. 무당의 주 기능
도 지금 살아있는 존재를 도와서 불행의 원인을 제거하는 개인주의적, 현

세기복적인 기능이었다. 그러나 불교가 들어오면서 내세의 관념이 생겨났으며 현재가 과거의 업이고 또 현재의 업이 미래를 결정하는 것으로 변화하게 되었다. 지하세계나 지옥의 개념도 불교의 영향으로 새롭게 생기게 되었다.

구원과 연관된 몽골 사람들의 삶을 보면 대부분 여성이 아침마다 차를 끓이면 제일 먼저 바깥으로 나가서 차를 공중으로 뿌리면서 신령으로부터 복과 안녕을 빈다. 질병이 들거나 가정에 우환이 일어나면 제일 먼저 무당을 찾아가서 각양 의식을 행한다(장장식, 2007:100). 그리고 신령의 진노나 저주를 피하고자 매일매일의 운세를 보고 따른다. 예를 들어 장례는 월, 수, 금요일에 행하며 화요일에는 이사나 타지로 움직이는 것을 피한다.

이상에서 살펴본 것처럼 몽골 샤머니즘은 다신교적 신관과 운명론적인 인간관, 세 가지 차원의 세상, 그리고 현세적 구원관과 같은 세계관적 체계를 가지고 있다. 절대자 하나님의 우위성, 육체와 영혼의 결합체인 인간, 죽음 이후 저승에 간다는 신념은 기독교적 진리를 변증하는 데 도움이 되는 선이해가 된다. 하지만 유일하신 인격신으로서의 하나님과 유일한 중보자 예수 그리스도, 그리고 종말론적 심판과 구원 사상은 몽골 샤머니즘이 가지고 있는 다신교적 세계관과 현세적 구원관의 장애를 극복해야 하는 과제를 안고 있다.

표 2. 몽골 샤머니즘의 세계관적 특성

몽골 샤머니즘의 세계관적 특성	• 다신교적 세계관이다. • 운명론적 인간관: 인간의 생사화복이나 흥망성쇠는 신령의 뜻에 달려 있다. • 인간과 동물은 육체와 영혼의 결합체이다. • 전생, 이승, 저승의 삼생관이다. • 현세적 구원관을 갖고 있다. • 자력구원과 타력구원의 요소가 결합된 형태의 구원관이다.

4

몽골 티베트불교의 세계관

몽골 티베트불교의 세계관

티베트불교의 몽골 유입

몽골에 불교가 처음 들어온 것은 흉노 제국 시대였다. 흉노 제국은 중국의 한나라와 전쟁도 하고, 교역도 했는데, 이때 불교가 중국 국경지역을 통해 몽골에 유입되었다. 한편 티베트불교가 처음 몽골에 들어온 것은 몽골제국이 중국을 거쳐 티베트까지 영토를 확장하던 오고타이 황제 때였다. 오고타이칸의 둘째 아들 쿠텐은 티베트 중부지역을 관할하던 중에 사캬(Sa-Skya) 판디타를 만나게 되었고 그에게 불교 교리를 듣게 된다. 쿠빌라이는 인질로 몽골 왕실에 남게 된 사캬 판디타의 조카 팍파(1235-1280)으로 인해 불교를 받아들이게 되었고, 이후에 칸의 자리에 오르고 나서는 그로 인해 몽골 왕실과 지배층에 티베트불교가 전파되었다. 원 세조 쿠빌라이칸이 티베트불교를 국교로 삼아 장려한 것은 대내적으로는 백성들의 통치와 제국의 안위를 도모하기 위함이었고, 대외적으로는 팍파를 국사로 삼아 자신의 수하에 둠으로써 티베트를 정치적 속국으로 효율적으로 지배하고자 하는 정치적 목적이 있었다(룩 콱텐, 1984:338). 쿠빌라이칸 이후의 몽골제국의 칸들은 티베트불교를 국교로 신봉하였고 티베트의 라마승들은 원나라 황제들의 정신적인 자문 역할을 지속적으로 담당했다(하이시히, 2003:56). 그러나 당시 티베트불교는 왕족을 비롯한 지배계층의 종교였으며 일반 몽골 사람들은 여전히 전통적 민간신앙인 샤머니즘을 믿었다.

그러다가 북원(北元) 시대인 16세기 후반에 티베트불교는 몽골의 국가 종교로 자리를 잡기 시작했다. 티베트불교가 몽골에서 최고의 우위를 점하게 된 것은 서부 몽골의 통치자 알탄칸(Altan-Khan, 1512-1582) 때였는데, 당시 티베트불교의 몽골 유입은 정치적 성격이 강했다. 티베트불교의 윤회론을 통하여 몽골의 대칸이 되려는 알탄칸의 야망과 몽골에 황교(겔룩파)를 전파하여 그 세력을 확장시키려는 티베트불교 겔룩파(황모파)의 입장이 서로 조화를 이루어 몽골에 티베트불교가 전파되게 되었다. 알탄칸은 쇠남갸쵸(몽골어로 소드넘잠츠)를 황모파의 창설자인 총카파의 세 번째 환생으로 인정함과 아울러 바다와 같은 위대한 라마승, 즉 달라이라마라는 것을 강조했다. 쇠남갸쵸도 알탄칸이 쿠빌라이칸의 환생이라고 말하면서 그가 칸위를 계승할 수 있는 이론적인 배경을 제공해주었다(장훈태, 1999:81). 알탄칸에 의해 몽골에 들어오게 된 티베트불교는 분열된 몽골의 정신적 통일이라는 정치이념에 입각하여 국가적으로 장려되었고 이러한 분위기는 청나라 시대에도 계속되었으며, 티베트불교는 왕실의 궁정을 벗어나 모든 백성에게 확산되어 몽골의 주도적인 종교가 되었다.

티베트불교는 몽골 지배층의 적극적인 지원을 받아 몽골에 적극적인 포교활동을 하게 되었다. 달라이라마는 몽골 사람들에게 자신이 관음의 화신이며 호법을 통하여 몽골의 하늘과 귀신, 악귀들을 모두 굴복시켜 불법에 귀부시켰다는 연설을 했는데, 이것은 샤머니즘에 익숙해있는 몽골 사람들을 수긍시키기에 충분했다. 라마승들은 무당의 우상들을 불교의 호법자로 교묘히 개조하면서 종래의 무당들이 주관하고 있던 제사적인 기능까지 모두 계승했다(1999:82).

왕실에서는 몽골 사람들이 주문을 외우고 불교를 믿으면 상을 주었으며 샤머니즘적인 행위에 대해서는 벌금을 물려 처벌하였다. 당시 몽골의 서쪽에 있던 오이라트의 법전을 보면 "옹고드를 제거하라고 명을 어긴 자에게는 재산형을 내린다. 남자 샤먼이나 여자 샤먼을 부르는 자는 그 수만큼의 말을 재산형으로 부과받으며, 샤먼도 말 1 마리의 재산형을 부과받는다(제 111 조). 제멋대로 승려의 계율을 깨고 환속한 자는 무거운 재산형, 즉 가축과 재산의 반을 몰수당한다(제 18 조)"라는 법 규정이 있는데, 이것은 몽골 지배층이 티베트불교를 어떻게 옹호하고 확산시키려고 했는지를 잘 보여준다(랴자노프스키, 1996: 125). 몽골 지배층은 사람이 죽으면 순장하지 말고 대신 불교사원에 드리라고 명령하였으며, 칭기즈칸 시대의 텡게르 신령들을 티베트불교의 부처들로 바꾸었다.

이러한 분위기는 청나라 시대에도 계속되었다. 청나라는 몽골을 무력대응, 통혼, 티베트불교 지원 등의 세 가지 정책으로 몽골 사람들을 회유하였으며 외몽골 복속과 내몽골 지배를 강화하고 백성들의 마음을 얻기 위해 티베트불교를 지원하는 정책을 계속 유지했다. 대내외의 티베트불교 옹호 정책으로 인해 17 세기 이후 티베트불교는 귀족들의 궁정을 벗어나 모든 백성에게 확산되어 몽골의 주도적인 종교가 되었다.

라마승들은 당시 민간신앙의 중심에 서 있던 무당들의 저항을 억누르고 몽골 사람의 정신적 사상을 주도해 나갔다. 이들은 당시 몽골 민간신앙의 중심에 서 있던 무당들의 치유, 예언의 기능도 흡수하였고, 샤머니즘의 대표적 의례인 어버(oboo) 제의 또한 라마승이 직접 집례했다. 수태차(우유차)를 마시는 라마승들의 풍습이 민간에 확산하였으며 몽골 사람들은 불상에 공양을 바치고 경전을 암송하는 불교적 생활에 익숙해지기 시작했다. 이러한 정책 시행의 결과 17 세기 이후 티베트불교는 몽골 사회, 문화의 중심으로 자리 잡게 되었다.

티베트불교의 주된 교리

티베트불교의 교리적 특성중의 하나는 활불사상이다. 활불사상은 총카파(몽골어로는 종호브)가 불교를 개혁하면서 세운 겔룩파(황모파)의 가장 중심된 교리라 할 수 있다. 겔룩파의 창시자인 총카파는 티베트불교를 개혁하면서 음주를 줄이고, 승려들의 결혼과 사찰의 세습제를 반대하고, 독신 생활을 재도입했다. 활불이란 달라이라마를 비롯한 티베트불교의 고위 승들을 신이나 불타 또는 보살의 살아있는 화신(化身)으로 간주하는 사상이다. 티베트불교의 최고지도자는 우리가 알고 있는 달라이라마이다. 달라이라마는 겐둔 둡빠(1391-1474)부터 시작하는데, 현재의 달라이라마는 14대 텐진 갸초(Tenzin Gyatso)이다. 달라이라마 다음으로 중요한 종교적 인물은 판첸라마(Panchen-lama)이다. 판첸라마는 5대 달라이라마가 티벳의 제2도시 사기체를 중심으로 활동한 자신의 스승 롭상 최키 걀첸(Lob-sang Choekyi Galtsen)을 제4대 판첸라마로 임명하면서 시작되었으며 현재의 판첸라마는 중국정부가 임명한 제11대 판첸라마 걀첸 노르부이다.

달라이라마는 관세음보살의 화신이고 판첸라마는 아미타불의 화신으로 여겨진다. 또한 1911년 몽골의 정치적, 종교적 수장이었던 보그드칸 젭춘담바 호탁트는 존경받는 라마승인 다라니티(Daranty)의 화신으로 여긴다(토카레프, 1991:329-34). '호탁트'라는 칭호는 할하몽골 아브타이칸(Abtai Sain Khan)의 손자 자나바자르(Zanabazar)가 14세의 나이로 2년간 티베트로 불교유학을 가서(1649년) 거기에서 달라이라마로부터 '젭춘담바 호탁트'(Jebtsundamba Khutuktu)라는 최고 권위의 이름을 하사받고 귀국하여 에르덴조 사원을 근거지로 하여 몽골의 제1대 법왕으로서 정신적 지주 역할을 한 것이 시초이다.

이들 아래에는 티베트 고승들의 화신(Kubilgaan)으로 간주되는 고승들이 있다. 티베트불교는 화신으로 간주되는 고승들에게는 호탁트(Khu-

tagt), 게겐(Gegeen), 노몬칸(Nomun khan), 반디타(Bandita)의 칭호를 수여
했다. 호탁트는 '복을 지닌', 게겐은 '빛', 노몬칸은 '경전의 왕', 그리고 반
디타는 '경전에 밝은'이란 티벳어로 몽골어로는 각각 성인, 빛, 경전의 왕,
석학이란 뜻을 지니고 있다. 이러한 칭호를 받은 고승들은 활불이라 칭해
진다(박원길, 2001:228). 활불은 겔룩파가 티베트불교의 정통성을 세우기
위한 가장 중요한 교리로서 불교의 환생사상을 잘 나타내준다.

티베트불교의 또 다른 교리적 특성은 사보귀의(四寶歸依)이다. 불교에서
는 흔히 삼보귀의를 강조한다. 삼보란 붓다(buddha-ratna)와 다르마(dhar-
ma-ratna) 그리고 쌍가(Sangha-ratna, 신도에게 힘을 주는 보살과 성자들)
를 말한다. 거룩하신 부처님께, 거룩한 가르침에, 거룩하신 보살 스님들께
귀의하는 것이 불교의 삼보귀의이다. 그런데 티베트불교는 라마승이 삼보
와 라마신도 사이의 중개자로서 숭배된다. 즉, 사보귀의를 강조한다. 스승
인 라마가 존재하지 않으면 영원한 진리인 법 또한 신도들과 결부될 수 없
다고 믿는다. 불교에서는 인격신을 인정하지 않지만, 티베트불교에서 달라
이라마는 부처의 가르침의 전달자인 동시에 살아있는 부처(활불) 자신이
다(야마구치 즈이호와 야자키 쇼겐, 1990:127-32).

몽골 사람들이 샤머니즘을 버리고 티베트불교를 받아들이게 된 것은 티
베트불교가 몽골의 자연환경이나 사회문화에 적합한 종교였기 때문이다
(박원길, 2001:223). 티베트불교는 불교의 밀교 형태의 하나로서 삼밀인
신(身), 구(口), 의(意) 즉, 몸과 입과 뜻(그림)으로 수행하는 것을 중시한다.
손가락을 여러 가지 모양으로 맞추어 불보살의 내증(內證)의 덕을 표시하
는 인계(印契), 진언(眞言), 관상(觀想) 등은 외로운 초원에서 지내는 유목
민들의 관심을 끌었다(이동주, 1998:217).

육식 생활을 부정하지 않고 출가승이라 하더라도 씨족의 한 구성원이라
는 사실을 잊지 않게 해주는 점이나 죽은 주인과 함께 하인이나 가축을 함
께 묻는 샤머니즘의 순장의식을 금지한 티베트불교의 가르침은 당시 일반

대중의 큰 호응을 얻었다. 티베트불교는 몽골 사람들의 정서에 맞게 포교함으로써 샤머니즘과의 혼합된 양상을 통하여 몽골 사람들에게 뿌리를 내리게 되었다(박원길, 2001:223).

불교에서 윤회는 삼계에서 이루어진다고 한다. 삼계란 무색계(無色界), 색계(色界), 욕계(欲界)를 말하는데, 무색계에서 윤회하는 것은 선정(禪定) 수행의 가장 높은 수준의 결과이며, 색계는 무색계보다 낮은 수준 선정의 결과로서 윤회하는 세계이다. 그리고 욕계는 선정에 도달하지 못한 상태에서 윤회하는 것으로서 보통 우리가 살고 있는 세계에서 윤회하는 것을 말한다. 이 중에서 가장 높은 수준에 해당하는 행복한 윤회는 신, 아수라, 인간이며, 불행한 윤회에 해당하는 것은 동물, 아귀(굶주려 죽은 영혼), 지옥이다(제프리 홉킨스, 2006:49-50). 이처럼 윤회사상은 열반에 이르기 위한 수련의 중요성, 극락세계에 가기 위해서 부처와 그 가르침에 귀의하는 삶을 강조한다. 티베트불교는 탄트라 전통의 명상적이고 주술적인 다라니를 암송함으로써 윤회의 고리에서 벗어나 열반에 이를 수 있음을 강조한다(박원길, 2001:222-23). 티베트불교에서 정치와 종교의 관계는 공시(拱施) 관계로 표현할 수 있는데, 공시관계에서 티베트 승려인 라마는 보호의 대상이면서 숭배의 대상이 된다(김한규, 2010:105-12). 라마승은 섬김의 대상으로, 주변국의 왕이나 황제 등은 공헌의 기증자로서의 관계를 가진다. 따라서 라마승은 종교적 가르침과 종교적인 도움을 줄 책임이 있고, 왕은 자신의 시주의 대상인 라마승을 보호할 책임이 있다. 티베트불교에서는 활불인 달라이라마의 존재를 떠나서 설명할 수 없기에 티베트불교를 흔히 라마불교라고 부른다.

티베트불교의 유입과 몽골 세계관의 변화

신관

몽골 사람들은 자신들의 삶에 직, 간접적으로 영향을 주는 자연을 다양한 의인화된 신령으로 숭배했으며, 조상신과 다양한 옹고드 신령을 받아들였다. 인간의 삶과 자연현상을 관장하는 천신으로 텡그리(또는 텡게르)를 숭배했으며, 옹고드와 조상의 영혼도 자신이나 씨족을 지켜주는 능력을 지니고 있다고 믿고 경배했다. 몽골 사람들은 또 불을 부정의 제거와 가계의 번영을 상징하는 것으로 숭배했으며 자신들의 씨족이나 부족을 지켜주는 '술데'라는 수호신을 섬겼다(하이시히, 2003:164-65). 이처럼 몽골 사람들은 모든 만물에 생명과 영혼이 깃들여 있다는 범신론적 세계관과 아울러 하늘과 대지, 그리고 자연을 관장하는 신들이 있음을 믿는 다신론적인 신앙체계를 가지고 있다.

그런데 티베트불교가 전파되자 몽골 사람들은 몽골의 토착 신령들에 부처와 보살을 첨가시키거나 대체해서 섬기게 되었다. 구전으로 내려오던 몽골 설화에 나타나는 신령들의 이름들에 금강불(몽골어로 오치르반), 미륵불(몽골어로 마이다르), 석가모니와 같은 티베트불교의 신격들을 첨가했다(체렌소드놈, 2001:28-33).

몽골 사람들은 산, 언덕, 호수, 강 등을 인격화한 정령으로 숭배했는데 이를 '로스 사브닥'이라고 부른다. 대지의 신령을 표현하는 이 용어는 원래 티베트불교 기도문 작가들이 몽골의 대지 신령들을 티베트불교화하는 대체 과정에서 티베트 용어를 차용해서 만든 것이다(하이시히, 2003:202). 원래 '로스'는 티베트불교 신화에서 인간의 머리에 뱀의 몸을 한 동물로 대지의 주인, 그중에서도 물의 주인을 가리킨다. '사브닥'은 티베트어로 '흙'이나 '먼지'를 뜻하는데 대지와 산, 언덕 등을 다스리는 대지의 주인을 가리킨다. 몽골 사람들은 이 둘을 구별하지 않고 하나로 묶어서 '로스 사브닥'이라고 부르는데, 이 용어도 몽골의 전통적인 '에투겡 에흐'라는 대지의 신이 티베트불교의 영향으로 변화를 받아 생긴 것이라 할 수 있다(이안나, 2010:373).

또 몽골의 창조설화를 보면 에첵보르항(아버지 하느님)과 부처나 미륵보살을 창조신으로 묘사하거나 샥지투브 보르항(석가여래)이 하늘에서 한 줌의 흙을 가지고 내려와 지상에 뿌려서 대지를 만들었다고 묘사하면서 불교의 부처와 보살들을 '창조신'으로 묘사하고 있다(체렌소드놈, 2001: 33-35). 티베트불교는 원래 창조주나 기타 여러 신격을 숭배하는 종교가 아니지만 몽골에 유입되면서 몽골의 전통 민간종교를 수용하는 과정에서 그들의 신령들에 부처나 여타의 티베트 신령들을 첨가한 것이 아닌가 싶다. 또 비슷한 성격의 티베트 신령과 몽골 신령을 동일시하여 자연스럽게 몽골의 신령과 티베트 신령을 혼합하는 방법을 취함으로써 신관의 변화를 불러온 것이 아닌가 생각된다(이평래, 2012:95-202).

티베트불교는 원래 대승불교의 요소들과 병을 고치고 귀신을 내쫓는 티베트 샤머니즘인 본교가 결합한 것인데 내용은 고통으로부터의 해탈을 강조하는 불교와 크게 다르지 않다. 단, 티베트불교는 윤회로부터의 해탈(구원)이 다른 이들을 구원하기 위해 열반의 단계로 들어가는 것을 미룬 부처(깨달은 자)의 개입을 통해 얻을 수 있다고 주장한다. 이러한 부처들은 많이 있는데 단순히 '깨달은 자'로서 보다는 신으로서의 대우를 받는다. 그래서 티베트불교는 열반을 추구하면서도 동시에 유신론적인 종교 형태를 띠며 강신신앙, 신비주의, 주술신앙 등이 특징을 이룬다.

티베트불교는 원래 우주의 본질과 인간의 자아가 같은 본질이라고 보는 일원론적인 세계관을 가지고 있다. 우주와의 합일을 실현하고 윤회를 벗어나 열반에 이르기 위하여 티베트불교에서는 참선이나 요가를 통한 해탈을 꾀하기도 하고, 옴마니받메훔(육자진언)이라는 주문을 외우거나 오체투

기라는 고행을 행한다. 또 여러 부처와 보살들을 신으로 섬기며 숭앙하는
데 이러한 티베트불교의 세계관이 몽골 전통민간신앙과 조우하면서 세계
관적 융합이 일어나 몽골 신화의 신격에 불교의 부처와 보살들이 포함된
것으로 볼 수 있다.

세상관

몽골 사람들은 전통적으로 하늘을 아버지로, 땅을 어머니로 여기고 숭
배했으며 세상을 양지와 음지로 구분하여 인간은 육체가 죽으면 그 영혼
이 음지로 이동하는 것으로 보았다. 또 세상은 세 개의 층으로 이루어져
있으며, 이를 상, 중, 하로 나눈다고 할 때, 상, 중, 하 모든 곳에는 사람과
생명체가 살고 있는 곳으로 여겼다(2014:73-81).

티베트불교가 유입되면서 몽골 사람들의 우주관에 변화가 생겼다. 몽골
사람들은 세상의 기원에 있어서 티베트불교의 부처와 보살들이 세상을 창
조한 것으로 인식하게 되었다. 몽골의 창조 설화를 보면 이를 잘 알 수 있
다.

> 태초에 세상은 온통 불과 물, 그리고 바람뿐이었다. 어느 날 보르항
> 박시가 흙을 가져다가 물에 뿌리자 대지가 생겨나고 풀과 식물, 나
> 무가 자라나 번성했다고 한다. 그 뒤 보르항 박시는 사람을 창조하
> 고 일곱 보르항 중 하나가 되었다고 한다(체렌소드놈, 2010:28).

> 아주 오랜 옛날, 이 세상에는 대지는 없고 전체가 큰 물로 덮여 있
> 었다. 식그무니 보르항(석가모니), 마이다르 보르항(미륵불), 에첵 보
> 르항(아버지 보르항)이 합심하여 세상을 만들려고 물 위를 가고 있
> 었다. … 세 보르항이 흙과 모래를 물 위에 뿌려서 땅을 만들었고,
> 그 위에 나무와 여러 식물들이 자라나게 했다. 그런 다음 인간을 만
> 들었다(2010:33).

몽골 설화를 보면 보르항 박시가 식물과 인간을 창조한 것으로 나오는데 보르항 박시는 석가모니, 즉 부처를 의미한다. 이것은 티베트불교가 들어오면서 몽골 신화에 부처가 창조신으로 첨가되거나 기존 신령들 대신에 부처가 창조신으로 대체되었음을 보여준다. 그래서 몽골 사람들은 민간신앙 차원에서 인간과 만물을 만든 부처와 보살들을 신령들과 동일하게 숭배한다.

또 티베트불교가 들어오면서 앞에서 언급한 것처럼 수평적으로 이해하던 세 가지 차원의 세상을 천상계는 신이 살고, 지하계는 악귀가 사는 질적으로 차이가 있는 세상으로 이해하게 되었다. 그래서 몽골 사람들은 악귀들이 사는 지하 세계로 가지 않기 위해서 이생에서 선을 행하고 자비를 베푸는 것을 중시하게 되었다.

인생관

몽골 사람들은 세상 만물에 영혼이 깃들어 있다고 믿는다. 인간뿐만 아니라 동물, 돌과 나무 같은 무생물에도 영혼이 있다고 여긴다. 몸은 죽어도 영혼은 남아서 다른 존재로 태어나거나 조상신, 귀신, 기타 혼령이 된다고 생각한다(이안나, 2010:93). 인간도 죽게 되면 육체는 죽어도 그 혼은 다른 사람의 혼으로 옮겨간다고 믿는다.

그런데 티베트불교가 전파되면서 몽골 사람들은 선악에 따른 인과응보의 개념을 갖게 되었고, 내세에서의 환생, 그리고 윤회 관념들을 받아들이게 되었다. 티베트불교는 달라이라마가 열반에 이를 수 있음에도 불구하고 중생을 구제하기 위하여 스스로 보살이 된 관세음보살의 환생이라고 믿는다. 그리고 인간의 영혼이 윤회를 통해 환생하며, 죽음 이후의 내세가 있다는 것을 긍정한다.

티베트불교가 확산되면서 몽골 사람들은 인간의 삶을 전생, 이승, 저승의 삼생관으로 보게 되었으며 사람이 이승에서 죽으면 저승으로 가게 되는데 사람이 죽으면 생전에 행한 선악의 응보에 따라 심판을 받는다고 믿었다(푸레브, 2014:130). 사람은 그가 전생에서 어떻게 살았느냐에 따라 그에 상응하는 존재로 이생에서 다시 태어난다. 또 사람이 죽으면 그 혼은 즉시 다른 사람의 몸으로 들어간다고 생각했는데, 그가 인생을 어떻게 살았느냐에 따라 그다음 인생이 좋아질 수도 나빠질 수도 있다고 여겼다. 이것은 자신의 행위에 따른 업보에 따라 그다음 생이 결정된다는 인과응보의 관념을 보여준다. 선한 일을 한 영혼은 극락으로 보내어져 영생하게 하고, 악한 일을 한 사람의 영혼은 지옥으로 보내서 영원히 온갖 형벌을 받는다고 믿었다. 따라서 티베트불교의 유입 이후 몽골 사람들은 이생에서 가능하면 살생을 금하고, 자비를 베풀고 사는 것이 중요하다는 인식을 갖게 되었고, 인간의 죽음 이후에는 선악에 따라 결정되는 내세가 있다는 사상을 갖게 되었다.

몽골 사람의 장례 예식을 보면 이전에는 무당이 주관했지만, 티베트불교가 유입된 이후 라마승이 이를 대체하게 되었고 기도문도 티베트불교의 형태로 바뀌었다. 몽골 사람들의 장례예식에서 가장 중요한 순서는 '금항아리를 여는 의식'이다. 이것은 라마승이 주관하는데 시신수습, 독경할 불경, 매장지, 장례인솔자 등 장례의 모든 예식과 절차 등을 정하는 의식이다. 또 티베트불교가 들어온 이후 몽골에 풍장이나 조장이 행해졌는데, 이것은 죽음도 삶의 일부이고 끝없이 윤회하는 영혼은 삶과 죽음의 구별이 따로 없다는 티베트불교의 세계관을 반영하고 있다. 몽골 사람들은 내세에 대해서도 육신은 자연으로 돌아가고 영혼은 하늘로 올라갔다가 다시 사람이나 동물의 몸으로 윤회하여 산다는 티베트불교적인 내세관을 갖게 되었다.

또 티베트불교는 환생을 믿는다. 앞에서 설명한 것처럼 중생을 구제하기 위하여 열반에 들지 않고 다시 인간으로 환생한 관세음보살이 달라이라마인데, 지금의 달라이라마는 전생의 달라이라마가 환생한 것이라고 믿는다. 티베트불교는 이와 같은 환생의 구조에서 사람들이 죽으면 49일이 지난 다음에 다음 생의 모습을 결정하는 날이 된다고 믿는다. 이런 의미에서 사십구재를 드리는데 매 7일마다 제사를 드리고 49일째가 되면 크게 사십구재를 하는데, 이는 죽은 망자가 내생에 좋은 모습으로 환생하기를 기원하는 것이다. 몽골 사람들은 티베트불교의 내세관에 따라 장례의식을 치르는데, 한 가지 특이한 것은 다음 생을 결정하는 49일 전에 전생의 육신이 이 땅에서 완전히 없어져야 만이 좋은 환생이라고 믿는 것이다. 이런 내세관에 따라서 몽골에는 과거에 풍장이 유행했다. 몽골 사람들은 사람이 죽으면 고인의 시신을 높은 산이나 들판에 유기한 후에 시신의 상태를 살피기 위해 고인의 가족들은 사흘 후에 그 장소를 다시 찾아간다. 시신이 모두 없어진 상태는 몽골 사람들에게는 아주 좋은 징조로 받아들여진다. 이것은 고인이 생전에 좋은 선덕을 쌓은 것의 증거이고, 그러므로 다음 생에는 좋은 조건으로 환생할 것이라는 상징으로 받아들였다. 반대로 시신의 조각이나 시신이 그대로 있는 경우는 좋지 않은 것으로 받아들였다. 사람이 죽으면 '보르항이 되었다'고 말하면서, 그 혼이 하늘로 올라가게 되었다고 이해했다. 즉 이처럼 몽골 사람들은 티베트불교의 내세관에 따라 다음 세상에서의 환생을 받아들였다.

구원관

몽골 사람들의 구원관은 샤머니즘의 영향을 받아 매우 현세적이어서 개인의 행복이나 건강, 공동체의 안녕과 풍요를 추구한다. 전쟁이나 질병, 자연의 재화, 운명의 불행을 극복하기 위해 옹고드나 신령들에게 의탁하여 자기의 소원을 빌어 삶의 안전과 보호, 육신의 건강과 복을 얻는 것이 주 목적이다. 굿은 재물, 장수, 평안이라는 인간의 욕망과 염원을 신을 통해서 이루고자 한다는 면에서 몽골 사람들의 전통적인 구원에 대한 신앙은 한을 풀어 액을 피하고 복을 받는 일이 궁극적 목표라고 할 수 있다.

티베트불교가 들어오면서 몽골 사람들은 이생에서의 선악의 행위에 따라 내세의 갈림길이 바뀐다는 인과응보 사상을 갖게 되었다. 인간이 죽은 후에 그 영혼은 이생에서의 행위에 따라 그 운명이 바뀌기에 살생을 금하고, 자비와 선행을 실천하는 것을 중시하게 되었다.

티베트불교의 구원관은 고통에 대한 해석과 처방에서 그 특징이 드러난다. 불교처럼 티베트불교도 인간이 생로병사의 고통스러운 현실에서 어떻게 벗어날 수 있는가에 대한 관심에서 시작되는데, 인간의 모든 고통은 인간의 욕구에서 생긴다. 따라서 인간의 욕구를 없애면 고통은 없어지게 된다고 믿는다. 이러한 욕구는 세상의 모든 사물이 영원불변한 것이 하나도 없는데, 그것을 마치 영원불변한 것처럼 착각하고 집착하는 인간의 무지에서 기인한다. 모든 고통의 근원은 무지에 있기 때문에 고통을 없애기 위해서는 무지를 깨뜨려야 한다는 것이며 무지를 깨뜨린 것이 바로 깨달음인데, 깨달음을 얻으면 그 사람은 곧 열반의 경지에 이른다. 이처럼 불교는 전통적으로 고통에 대한 원인을 무지로 본다. 그리고 무지에 대한 해결책으로 깨달음을 제시한다. 즉 불교는 깨달음이라는 인간 스스로의 노력을 통하여 구원을 얻을 수 있다고 믿는다. 특히 티베트불교는 인간이 궁극적 존재이며 사람은 수행을 통해서 스스로 깨달음에 이를 수 있다고 믿는다. 인간의 마음은 진여이고 불멸성이며 또 스스로 모든 마음이 만들어 낸 것으로부터 자유할 수 있다고 믿는다.

민간종교 차원에서의 구원관은 고등종교 차원의 구원관과 차이가 있다. 전통 불교의 구원은 무지에 대한 깨달음을 통한 고통의 제거와 이를 통해 열반에 들어가는 것이다. 하지만 몽골의 티베트불교는 전통적인 불교의 구원에 샤머니즘의 현실적인 부와 행복에 대한 가치를 수용하여 혼합시켰다. 몽골 사람들은 구원을 위해서 전통적 집인 게르의 상석에 불상을 놓아두고 매일 불상 앞에 촛불을 켜고 예의를 표한다. 또 이들은 다라니를 암송함으로써 윤회에서 벗어날 수 있다고 믿는다. 그래서 이들은 일상생활에서 손으로 돌릴 수 있는 '마니통'이라는 원통형의 기도바퀴를 들고 다니거나 사원을 방문하여 사원에 마련된 마니통을 시계 방향으로 돌리고, '옴마니밧메훔'을 암송하면서 극락왕생을 기원한다. 이들은 '옴마니밧메훔'이라는 육자진언을 외우며 마니통을 돌리면 원통 안에 있는 불경을 모두 읽는 것과 같은 효과가 있다고 믿는다. 또 일상생활에서 겪는 여러 어려움을 극복하거나 현세와 미래에 닥칠 불행이나 재화를 제거하고 안녕과 행복을 얻기 위해 간등사와 같은 티베트불교 사원을 찾고 라마승을 만나 경전을 읽기도 하고 기도를 받는다. 라마승이 외는 주문과 가르침은 몽골 사람들의 행동과 의사 결정에 큰 영향을 미친다. 몽골의 설인 '차강사르'의 날짜도 라마승이 정하는데, 시골에서는 지역마다 라마승이 정하여 주는 날짜에 따라 명절을 치를 정도로 라마승의 말의 영향력은 크다고 할 수 있다.

민간신앙의 차원에서 티베트불교가 몽골 사람들에게 주는 의미는 무지에 대한 깨달음을 통한 고통의 제거라는 본래 불교의 목적보다는 위에서 살펴본 것처럼, 현실적인 부와 개인과 가족의 안녕과 행복에 더 큰 의미가 있다. 그런 면에서 티베트불교의 구원관은 전통적 불교의 구원관과 샤머니즘의 구원관이 서로 섞여 있는 혼합된 형태를 띠고 있다고 할 수 있다. 실제로 일상생활에서 티베트불교의 승려들은 환자들의 병이나 문제들을 듣고 주문을 외우거나 책을 읽어주며, 어디에 못자리를 세워야 하는지, 태어난 아이에게 어떤 이름을 지어야 하는지 등등 인생의 사건이나 위기 때마다 조언자요 중개자요 해결자의 역할을 담당한다.

티베트불교의 영향으로 몽골 사람들은 후세에 좋은 운명을 타고 태어나기 위해서는 현세에서 인내심을 가지고 욕심 없이 살아야 한다는 인과응보의 관념과 내세에 더 좋은 운명으로 태어나기를 원하는 윤회와 환생에 대한 믿음, 그리고 티베트불교의 부처들을 향해 향을 태우며 이생에서의 행복과 안녕, 내세의 평안을 비는 현세기복적인 세계관을 갖게 되었다.

표 3. 몽골 티베트불교의 세계관적 특성

| 티베트불교의 세계관적 특성 | • 활불사상: 달라이라마, 판첸라마, 호탁트, 노몽한, 반디타 칭호는 활불을 의미한다.
• 몽골의 자연 환경이나 사회문화에 조화를 이루는 것을 강조한다.
• 육식 생활을 부정하지 않음. 출가승이더라도 씨족의 한 구성원으로 인정, 순장의식 부정, 구밀(다라니)을 강조한다.
• 티베트불교의 세상관, 구원관:인과응보 사상, 살생 금지, 자비와 선행을 권장한다. |

5

몽골 유목문화와 세계관

몽골 유목문화와 세계관

유목문화

몽골 사람들의 세계관 형성에 영향을 끼친 문화적 요소를 말하라면 유목문화를 들 수 있다. 건조하고 추운 스텝 기후의 특성상 몽골은 일찍부터 유목사회가 형성되었다. 유목이라는 생태 환경은 몽골 사람들의 의식구조와 세계관 형성에 큰 영향을 미쳤다. 미국의 저명한 인류학자 에드워드 홀(Edward T. Hall)은 의사소통과 관련하여 처음으로 '고맥락/저맥락'(high context/low context) 개념을 제시했다(1976:91). 저맥락 문화에서는 의사소통이 주로 표현된 내용(대화, 글)에 의해 이루어지고 이러한 표현은 직설적인 편인 반면, 고맥락 문화에서는 의사소통이 표현된 내용으로부터 상대방의 진의를 유추하는 단계를 중요하게 여긴다. 몽골 사람들이 대체적으로 서구와 같은 개인주의적이며 저맥락 문화에 속하는 것은 유목문화와 관계가 있다.

유목이란 일반적으로 일정한 거처를 정하지 않고 물과 목초지가 있는 곳을 찾아 가축을 이끌고 이동생활을 하는 방식을 말한다. 유목은 주로 강수량이 많지 않아 풀이 많이 자라지 않는 건조지대에서 이루어지는 생활방식으로 동물과 인간이 함께 공생하는 구조로 되어 있다(박원길, 2001: 40). 유목은 인간과 동물, 그리고 초원의 상호작용과 관련이 있다. 가축의

먹이가 되는 초지와 물을 따라 정기적으로 이동하는 유목민들은 가축을 키워 식량을 생산하고, 가축의 털과 가죽으로 유용한 생필품을 만들며 생활하는 방식을 취한다. 몽골의 유목문화는 몽골의 설화, 상징, 축제와 몽골의 환경, 친족, 일상의례 등을 통해서 살펴볼 수 있다. 몽골의 자연숭배 신앙도 유목문화의 특성이라 할 수 있다.

유목문화의 특성

유목의 대표적인 특징으로는 이동 문화를 들 수 있다. 가축들이 먹을 풀은 봄에는 주로 지대가 낮은 남쪽에서 자라다가 여름에는 북쪽에서 싹트고 가을에는 다시 낮고 따뜻한 곳에서 자란다. 따라서 가축들이 먹을 초지를 따라 이동할 수밖에 없다. 몽골의 경우, 겨울에는 추운 날씨 때문에 보통 추위와 바람을 막아줄 산 밑에 집과 외양간을 짓는다. 1년 강수량이 250~500mm 정도 되는 건조한 몽골에서는 풀이 많이 자라지 않기 때문에 겨울을 위해 건초를 비축하는 데는 한계가 있을 수밖에 없다. 따라서 가축이 뜯을 풀이 이듬해에 다시 자라도록 하기 위해서도 다른 초지로의 이동은 필수적이다. 그렇지 않으면 가축들이 풀뿌리까지 먹어 치우기 때문에 목초지는 곧 사막으로 변하기 쉽다(유원수, 2012:365). 몽골 사람들은 대개 1년에 계절에 따라 네 번 이동하는데 이동하는 계절에 따라 봄에 거주하는 집을 하바르자(*hawarjaa*), 여름은 조슬랑(*zuslan*), 가을은 나마르자(*namarjaa*), 겨울은 어불저(*ubuljuu*)라고 한다. 이러한 잦은 이동 때문에 유목민의 주거문화는 게르(*ger*)와 같이 조립과 해체가 쉬워 이동에 편리한 형태를 띠고 있다(2012:354). 또 몽골의 기후는 변화무쌍하여 여름 날씨를 보이다가도 그다음 날에는 눈이 오기도 한다. 따라서 늘 기후나 자연의 변화에 따라 제때 이동해야 하는 것이 유목사회의 일반적 모습이다.

유목사회의 또 다른 특징은 기마다. 광범위한 초지에 가축을 방목하고 기르고 장거리를 이동하며, 또한 적들로부터 방어나 공격을 하기 위해서 유목민들에게 기마는 필수적이다. 말은 예로부터 교통수단으로, 물건을 운반하는 운송 수단으로, 또 넓은 초원에서 가축을 이끄는 승마용으로, 그리고 말의 고기나 젖(몽골어로 아이락)을 취하는 식용으로 이용된 가장 소중한 재산이었다(바바르, 1996:25). 몽골 사람들에게 말은 가장 중요한 재산이며 친구이고 무기이다. 정주민들이 땅을 사랑하고 아끼듯이 유목민들은 말을 사랑하고 아낀다. 기마는 유목의 생존과 밀접하게 연관된다. 몽골 유목민들은 모든 가축 중 가장 빠르고 신속하게 움직이는 말을 타고 이동함으로써 쉽게 좋은 초지를 찾아 유목할 수 있었다(윤은숙, 2010:19-20). 유목문화에 있어서 말은 전쟁에서의 주된 무기로서 몽골 민족은 전차보다 빠른 기동력과 말을 타면서 활을 쏘는 우수한 전투력을 바탕으로 16세기까지 정주민 사회를 능가하는 전투력을 가질 수 있었다(26-27). 이처럼 말은 교통수단과 전쟁과 수렵 등에 반드시 필요했으며, 기마를 이용한 유목은 유목민들의 주된 생업이 되었다.

유목사회의 세 번째 특징은 약탈이다. 흉노 시절부터 몽골은 정주농경 사회와의 교역이나 거래를 통하여 생활필수품을 얻었는데, 이것이 여의치 않을 경우 기마를 통한 약탈을 통하여 생필품을 획득했다. 약탈은 유목사회에 있어서 하나의 경제구조로 인식될 정도로 중요한 요소였다(2010:20). 농업생산이 발달한 농경사회와는 달리 고기만 먹고 가죽으로 만든 옷을 입으며, 양털로 덮인 천막집에서 사는 유목문화적 생활방식으로는 유목민의 수요를 충족할 수 없었다. 또 유목민족들끼리는 동일 제품을 생산하고 동일 물품을 사용하기 때문에 서로의 수요를 충족시킬 시장경제를 만들 수 없었다(바바르, 2014:15-16). 그래서 빠른 이동을 통하여 정주 농경 사회를 공격하여 전리품을 빼앗아 자기들의 수요를 공급하는 약탈은 이들의 생존에 필수적인 선택 방법이었다.

유목사회의 네 번째 특징은 사회조직이 씨족 중심으로 이루어진다는 점이다. 유목은 그 특성상 가족 단위로 넓은 초지를 필요로 하기 때문에 주로 직계가족이나 가까운 친족을 포함한 씨족을 중심으로 하나의 경제생활 단위를 이루었다. 몽골 사회는 대부분 가족이나 이웃이라는 의미의 아일 (ail) 형태로 유목이 이루어지고 있다. 두세 가정이 한 장소에서 함께 목축하며 서로의 가축을 돌보아 주고 상부상조하는 자생적인 조직 형태가 있는데, 이것을 '허트 아일'(khot ail)이라고 한다. 또 3개 이상의 여러 개의 허트 아일이 멀리 떨어지지 않은 거리에서 목축하면서 서로 협력하고 도우면서 목축을 하는데, 이것을 '사아할트 아일'(saakhalt ail)이라 한다.

유목민들은 이렇게 혼자 떨어져서 생활하지 않고, 만일의 사태와 도움이 필요한 상황에 대비하여 전통적으로 상호협력적인 조직을 고안하여 유목하고 있다. 유목은 농경사회와는 달리 공동 작업을 해야 하는 일이 아니고 가정마다 자기 소유의 가축들을 기르면 되기 때문에 가족 및 가까운 친족 중심의 유목사회는 농경사회처럼 집단을 이루어 한곳에 머물며 사는 정주민 문화와는 사뭇 다르다.

정주민 농경사회의 경우 집단주의적 사고방식과 관료제도에 따른 사회의 신분이나 위계질서가 매우 분화되어 있는 반면에 몽골은 개인적 사고가 강하고 사회 계층 또한 비교적 평등한 사회구조를 가지고 있다. 따라서 중국의 전형적인 관료사회와는 달리 신분의 높고 낮음을 가리지 않으며, 피정복민이라도 자신의 분야에서 뛰어난 능력을 갖추고 있다면 중히 기용하는 열린 사고를 가졌으며, 이러한 개방성이 칭기즈칸 시절에 몽골의 세계정복을 가능케 하는 원동력이 되었다(성비락, 2008:150-52). 농경사회가 인간관계를 중심으로 이루어진 사회라고 한다면 유목사회는 자연과 조화를 이루거나 자연에 의존하여 사는 사회다. 몽골 속담에 "용사도 총알 한 방에, 부자도 한 번의 재해(몽골어로 조드)로"라는 말이 있다. 이 속담은 힘이나 재산의 덧없음을 가르친다. 유목사회의 가축은 많은 위험에 상시

노출되어 있는 취약한 구조를 가지고 있다(유원수, 2012:361). 농경사회에
서의 논밭은 재해가 있어도 그 부동산이 없어지지 않기 때문에 다음 해에
농사를 잘 지으면 되지만, 가축은 부동산이 아닌 유동 자산이기에 가뭄이
나 눈으로 인한 재해로 죽으면 곧바로 재산상의 큰 손실이 되었다. 따라서
자연의 이치를 거스르지 않는 것이 유목사회의 큰 가치관을 형성한다.

　유목사회의 역사를 살펴보면 유목민들 서로가 대립관계를 형성하는 경
우가 많았다. 이것이 유목사회가 통일국가체제를 만드는 데 주된 장애물
이었다. 따라서 이들은 자신들의 부족한 수요를 충족해야 하는 공동 목적
이 생겼을 때, 한 부족이 다른 부족을 무력으로 굴복시켜 연합하여 농경사
회를 점령하곤 했다(바바르, 2014:16-17).

유목사회의 세계관

　앞에서 언급한 유목사회의 특성을 토대로 유목사회의 세계관을 살펴보
면 먼저 유목문화는 자연을 종교적 차원에서 숭배하며 자연에의 순응을
강조한다. 유목사회는 자연이란 제어하거나 통제할 수 있는 대상이 아니
라 경외의 대상이기에 자연과 조화를 이루며 살려는 사고를 하고 있다. 그
들은 자연이 만든 것은 변함이 없는 완벽한 것으로 자기 자신과 자연을 뗄
수 없는 존재라 생각하여 자연을 숭배했다. 겨울의 한파나 가뭄, 또는 눈
이 많이 내려서 생기는 재해는 인간이 통제할 수 없는 변화무쌍하고 불가
항력적인 자연의 힘에 의해 생기는 것으로 예로부터 몽골 사람들은 이것
을 신격과 연관된다고 믿었다. 자연현상의 배후에는 텡게르(*tenger*)와 같
은 신령이 존재하여 이를 주관한다고 믿었다. S. 돌람이 말한 것처럼 몽골
유목민들은 물질적 사물과 영적 관념, 혹은 주관과 객관 사이의 절대적 구
분을 하지 않았다(1999:97). 몽골 유목민들은 동물에 대해서도 인간과 같

이 중간 세계에서 태어나고 자라는 살아있는 피조물로 보고 함부로 대하지 않았다(하이시히, 1999:96). 그래서 생존을 위해서 불가피하게 동물을 죽여야 할 때는 고통을 가장 최소화하는 방법을 사용했으며, 또한 동물의 영혼을 위한 의례를 행하기도 했다.

몽골 유목민들은 또한 자연에 대한 금기들을 중시한다. 함부로 땅을 파서 우물을 만든다든지, 두 개의 강 사이에 게르를 친다든지, 강이나 마른 개울에 오물을 버린다든지, 칼로 불을 찌르거나 가르는 행위를 하는 것을 금기한다(이안나, 2007:171-92). 이것은 불의 신이나 자연신이라 할 수 있는 로스 사브닥을 섬기는 샤머니즘과 연관되기도 하지만 자연을 중히 여기고 자연과 조화를 이루려는 세계관과도 연관된다. 몽골의 유목문화는 민간종교적인 의례들이 전통적 삶의 방식과 어우러진 통합된 형태를 이루고 있다고 할 수 있다.

둘째, 유목민들은 자유로운 사고를 가지고 있다. 유목민들은 드넓은 초원에서 서로 멀리 떨어져 살고 사계절을 자연과 더불어 살기 때문에 특정한 법률 아래에 매이는 것을 싫어한다. 이들은 자기를 존중하며 자립적, 독립적이며 여유있는 생활을 좋아한다. 또 혹독한 기후를 피하여 자유롭게 이동하면서 어떤 자연환경에도 쉽게 적응한다. 이들은 정주민들이 사람과 땅은 뗄 수 없는 존재라고 생각하는 신토불이와 같은 개념이 적으며, 늘 이동하기 때문에 땅을 소유해야 한다는 개념도 약하다(바바르, 2014:37). 이들은 드넓은 초원에서 자연의 이치에 따라 자연과 조화를 이루며 살아가는 개인적 자유를 중시했다. 몽골이 사회주의 체제에서 러시아보다 빨리 무혈로 민주주의 체제로 변화하게 된 것은 이러한 몽골 사람들의 유목민적인 특성인 개인의 권리와 개인의 자유에 대한 존중과 연관이 깊다고 여겨진다. 농경사회와 도시민들이 유목민들을 야만족이라고 무시한 것은 사실이지만 그렇다고 유목민들이 정주민을 문명인이라고 존경한 것은 아니다. 오히려 유목민들은 자신들이 끊임없이 일상생활이 반복되는 노예와 같은 농경생활에서 벗어난 것을 자랑스럽게 생각하며 살았다(바바르, 1996:18). 몽골의 유명한 지식인인 바바르는 정주문화와 유목문화는 역사적으로 서로의 전통과 문화를 공유하지 않았고, 소통하지 않았기 때문에 그 차이는 중국과 그리스의 차이보다도 더 크다고 말한다.

셋째, 유목민들은 개인주의적 성향이 강하다. 이들은 무엇을 소유하기 위해 열심히 노력한다든지, 공동체 이익을 위해 자신을 헌신하거나 희생하는 사고가 약하다. 즉 공동체제나 사회생활에 대한 의식이 얕은 편이다. 유목민들은 자연에서 일생을 보내기에 사회에 나가서 인간관계를 맺는 일이 거의 없다. 그래서 자기가 태어난 고향과 산천에 대해서는 진심으로 사랑하지만, 조국이나 모국과 같은 추상적인 개념에는 약하며, 도덕과 윤리규범 또한 정주민과 그 성격이 다르다(바바르, 2014:37).

몽골의 윤리나 도덕은 자연신앙에 기초한 금기를 깨거나 자연의 배후에 존재하는 신령이나 옹고드의 존재, 또 그와 관련한 금기사항이나 규범을 무시하는 것과 깊은 관련이 있다. 몽골 사람들은 초원에서 외롭게 살아왔기 때문에 집단생활 속에서 자신의 생각을 포기하며 남을 배려하거나 남을 섬기는 삶의 습관도 배어있지 않다. 유목민들의 사고와 가치가 개인중심적인 것은 그들의 성품이 이기적이라기보다는 커다란 집단을 형성하며 살아보지 않은 초원에서의 삶과 관계가 있다. 개인주의적 사고를 가진 서구인들이 몽골 사람들의 사고를 이해하기 어려워하는 이유는 바로 몽골의 개인주의적 사고는 유목문화와 연관되어 있기 때문이다. 이것이 일찍부터 농경사회라는 집단주의 체제 속에서 남을 배려하는 것을 중히 여기고, 개인의 이익보다 공동체의 조화를 중시하는 유교사상 속에서 자라온 민족들과의 차이라 할 수 있다.

유목사회는 공동체의 존재보다 개인의 권리와 유익을 더 중시하기에 공동체를 세워갈 때, 리더십이 탁월한 사람이 지도자가 되지 않으면 좋은 효과를 발휘하기가 쉽지 않다. 칭기즈칸의 통치 시절에 몽골 부족들은 다른 부족들을 공격하여 약탈할 때, 전쟁에서의 승리보다 전리품 획득에 우선순위를 두었다. 이러한 유목 특성을 파악한 칭기즈칸은 전쟁에서의 승리에 우선순위를 둘 것을 상기시키고 전투에 참여한 모든 사람의 성과에 따라 전리품을 공평하게 나누어 줌으로써 리더십을 발휘했다. 당시 남의 수하에 있던 몽골 사람들이 칭기즈칸을 따른 것도 바로 이러한 그의 리더십 때문이었다. 유목민의 개인주의적 성향은 스포츠의 경우 레슬링, 유도, 사격, 권투와 같은 개인 종목에서는 뛰어나지만 구기 종목처럼 팀을 이루어 하는 경기에서는 상대적으로 실력이 드러나지 않는 데서 알 수 있다. 또 몽골 사람들은 법과 규정도 효과적인 통치수단이라는 차원보다 이익을 추구하는 개인의 순수한 욕구를 인정하여 이러한 개개인들의 이해관계가 충돌할 때 이를 조정해 주는 것으로 이해한다.

넷째, 몽골 유목민들은 양성평등과 책임을 강조한다. 초원에서의 유목은 이동과 많은 활동을 요구하고 소수의 가족 구성원들이 전체 유목생활을 책임지기 때문에, 나이 많은 어른부터 어린이들까지 모두 맡겨진 일을 해야 한다. 남자들은 부족 사이의 잦은 전쟁에 참여해야 했기에 유목민의 여자들은 집안의 모든 일을 책임지며 모든 경제권을 가진다. 따라서 여성의 역할은 예로부터 매우 중시되었다(바바르, 2014:37). 유목문화에서는 개인의 능력과 자질이 매우 중요하며 사회구조 또한 모든 사람에게 평등한 편이다. 몽골에서 판사나 교수와 같은 고위직에 여성들의 비율이 높은 것이 이러한 사회적 분위기와 관련이 높다고 할 수 있다.

다섯째, 유목민의 특징은 신의이다. 유목민은 사람에 대한 의리를 중요시한다(박원길, 2001:192). 드넓은 초원에서 사람에 대한 신의는 매우 중요하며, 사람에 대한 믿음이 없으면 열악하고 험한 환경 속에서 부족의 생존자체가 위협받는다. 신의 없는 사람에게는 가혹하지만, 손님과 친구에게는 굉장히 호의적인 것이 유목민 사회의 특성이다. 역사를 보면 유목민들은 중국 한족을 믿지 않았으며 좋은 말로 포장된 고상한 미사여구와 겉꾸

밈을 혐오했다(바바르, 2014:38). 원나라 시대의 몽골이 중국 한족을 멸시한 것은 이들을 신의 있는 인간으로 보지 않은 것과 연관이 있다. 몽골에 '두 얼굴을 보이는'이라는 말이 있다. 이것은 겉과 속이 다른 표리부동한 사람을 말할 때 사용하는데 몽골 사람들은 이런 사람을 싫어한다.

또 유목민들은 유목의 특성상 시간대별로 무엇을 해야 하는 노동구조가 아니며 눈이나 가뭄, 늑대가 나타나거나 하는 특별한 사건이 일어날 때 대책을 마련하는 사회적 특성이 있어서 시간보다는 일이나 행사 중심의 사고 구조를 가지고 있다. 그래서 몽골 사람들은 대체로 정주민보다 시간개념이 상대적으로 약하고, 행사를 진행하면 시간 내에 끝내는 것이 약하다. 무엇을 학습하는 것 또한 책을 통해서 배우기보다는 생활하는 데 필요한 중요한 것들을 가족이나 친구, 이웃들로부터 직접 몸으로 학습하며 체득한다. 이러한 특성은 예로부터 삶에 필요한 중요한 지식을 위 세대로부터 구전을 통해 습득한 것과 연관이 있다고 할 수 있다. 유목민들은 자연과 함께 조화를 이루며 살아가기에 예로부터 노래와 춤, 음악을 즐겼으며, 정적이기보다는 동적인 문화를 가졌다. 유목민들은 혹독한 자연환경에서 적응하며 지내온 민족이어서 인내와 참을성이 많으며 끈기가 있다. 또한 한 곳에 정착하지 않고 적절한 때 이동해야 하기 때문에 매사에 융통성이 있다.

표 4. 몽골 유목문화의 세계관적 특성

유목문화의 세계관적 특성	• 자연에의 의존 및 자연과의 조화를 중시한다. • 자연이 만든 것은 변함이 없는 완벽한 것으로 생각한다. • 자연과 인간은 서로 뗄 수 없는 존재라 생각하며 자연을 숭배한다. • 자연에 대한 금기들을 중시한다. • 자유로운 사고를 가지고 있다. • 개인주의적 사고방식이 강한 편이다. • 평등과 각 개인의 역할 및 책임 강조한다. • 몸으로 체험하며 학습하는 문화이다.

6

몽골 사회주의와 페티시즘, 그리고
세속주의의 세계관

몽골 사회주의와 페티시즘, 그리고 세속주의의 세계관

사회주의(공산주의)

20 세기에 들어서 70 년 가까이 몽골을 지배한 유물사관에 기초한 사회주의도 몽골 사람들의 가치와 세계관 형성에 적지 않은 영향을 미쳤다. 70 년 동안 지속된 몽골사회주의 체제는 사람들에게 "종교란 인민의 아편이며, 라마승들은 혁명의 적"이라는 인식을 심어 주었다. 그러나 이것이 몽골 사람들의 사적인 신앙을 구속하지는 못했다. 실제 몽골의 경우, 비종교인의 비율은 1994 년에는 27.2%, 2003 년에는 20.5%, 2010 년에는 38.6%로 조사되었으며 사회주의 체제를 벗어난 지 얼마 안 된 1994 년에는 72.8%가 종교인이었다. 이 통계는 사회주의 사상이 몽골 사람의 신앙에 큰 영향을 끼치지는 않았음을 증명한다. 한국의 비종교인이 1995 년에 49.3%였고, 2005 년에 46.9%인 것을 감안할 때, 몽골은 한국보다 더 종교적이라고 할 수 있다.

사회주의가 인간의 종교적 기대를 제거할 수는 없었다는 것은 사회주의가 공식적인 종교 활동은 금지했지만, 개인적 차원의 신앙의 자유는 어느 정도 인정했다는 데서 찾아볼 수 있다. 또 몽골 사람들이 체제가 바뀔 때마다 신앙대상의 외형은 바꾸더라도 전통적 샤머니즘 신앙의 내용은 그대로 가지고 있었다는 데서도 찾아볼 수 있다. 아울러 전통이라는 문화적 차원으로 종교적 실천을 상황화 함으로써 외적인 억압과 박해를 피하려 한 데서도 그 원인을 찾아볼 수 있다. 그러나 전통, 종교, 풍습의 폐지는 몽골 사람들로 하여금 무엇은 해도 되고 무엇은 해서는 안 되는지에 대한 분별을 상실하게 했고 억압정책은 법에 대한 사회의식을 무너뜨렸던 것이 사실이다(낸딩체첵, 2000:74).

사회주의의 전개로 인해 몽골사회에 일어난 변화는 사유재산의 폐지로 인한 유목사회의 변화이다. 유목민들에게 유일한 재산은 가축이었는데, 가축을 공동재산화하자 가축이 없는 사람들은 도시로 이주할 수밖에 없게 되었고 사회주의 체제의 도입으로 몽골 사람들은 유목생활에서 벗어나 정착생활을 하게 되었다. 구(舊)러시아의 억압정책은 전통을 부정하고 티베트불교 문화를 파괴했다. 몽골 사람들이 이전에 가졌던 사유재산, 개인의 자유, 독립성은 사라지고 이제 공공재산, 공동생산, 공동소유, 공동이익이 중시되었다. 그로 인해 공동재산은 내 것이 아니라는 의식을 갖게 되었고 개인재산이 몰수되자 자유에 대한 의식을 잃게 되었다(74-75). 사회주의 시대의 몽골사회 경제의 발전은 구 러시아의 일방적인 원조로 이루어졌기에 몽골 사람들은 자율성과 독립성을 잃게 되었으며 도시생활에의 정착은 인간관계에 의존한 정착문화로 변화하는 계기가 되었다.

사회주의(공산주의)의 특성

사회주의의 특징으로는 먼저 유물론 사상을 들 수 있다. 유물론은 보이는 물질만이 실재한다는 사상으로 보이지 않는 것을 실체로 보는 관념론의 영역을 거부한다. 따라서 몽골 사람들은 보이는 실재에 대해서는 가치를 두지만 보이지 않는 영역에 대해서는 가치를 두지 않는다. 몽골 사람들은 이러한 사회주의의 영향으로 현실주의적이며 물질주의적이다. 관념은 물질의 투영에 지나지 않기 때문이다.

사회주의가 가져다준 또 다른 특성은 평등성이다. 이러한 평등성은 남녀에 있어서는 여자의 사회적 지위를 높여주었다. 몽골 여자들은 자녀가 있어도 직장에 나가기를 원하며 또 남자만큼 능력 있게 일할 수 있다는 자신감을 가지고 생활한다. 실제적으로 몽골의 경우 일에 대한 책임감이나 자질과 능력을 보면 여자들은 남자들에 비해서 결코 뒤지지 않는다. 몽골은 사회구조에 있어서도 수직적, 권위적이기보다는 비교적 평등한 구조로 되어 있다.

사회주의 체제가 남긴 부정적인 측면으로는 나태함과 사회에 대한 무관심을 들 수 있다. 김은호는 사회주의가 가져다준 몽골 사람들의 안일함, 나태함, 무책임한 생활태도를 '마르가쉬(내일) 영성'이라고 했다(2014:586-87). 몽골 사람들은 사회주의 시절에 늘 위로부터 일을 부여받았다. 직장을 그만두어 나가게 되면 중앙위원회에 보고되어 일주일 후에 다른 직장이 부여되었다. 사회주의는 평등을 앞세우는 대신 본인 스스로의 노력의 결과를 직접 맛보지 못하기에 사람들은 적극적으로 일하는 태도가 상대적으로 부족하다. 유목민의 경우도 처음에는 개인의 사유 가축을 인정했지만, 나중에는 가축 소유의 한계가 정해졌기 때문에 가축을 잘 기르고자 하는 관심을 갖지 않게 되었다. 열심히 일하나 그렇지 않으나 월급은 같기에 나태하게 되었던 것이다.

또 자기 일만 하면 되기에 다른 사람들의 일이나 지역사회의 일에 대한 관심이나 책임감이 부족한 편이다. 마을이나 사회의 발전을 위해 개인을 희생한다든지, 함께 힘을 모아서 마을을 개선한다든지, 사회의 문제를 해결하고자 하는 의식이 부족하다. 이런 것은 지도자들이나 담당자의 문제라고 생각한다. 그래서 어떤 지역의 문제를 해결하는 데 스스로 솔선수범하기보다 여유를 가지고 행정기관에서 일하도록 기다리는 편이다. 아울러 국가에서 모든 것을 배급받아 생활했기 때문에 국가에서 주는 것은 자신의 일에 대한 당연한 결과라 여긴다. 이러한 습관으로 인하여 사회를 위해서 내 자신을 희생하거나 헌신해야 한다는 개념이 부족하다.

페티시즘(Fetishism)

페티시즘이란 종교학적 용어로 물신숭배나 주물숭배로 번역할 수 있으며 어떠한 사물이나 대상에 초자연적인 힘이 깃들어 있다고 믿고 이를 숭배하는 것을 말한다. 몽골 사람들은 예부터 자연 속에 영혼이 깃들어 있다고 믿으며, 중국의 영향으로 풍수지리나 음양오행을 받아들였다. 이들은 자연에 대한 숭배도 강해서 신성한 나무에 '하닥'이라고 부르는 푸른 천을 묶어 두거나 산봉우리에 오버(돌무더기)를 쌓고 여행을 떠날 때면 안전을 기원하며 오버를 시계방향으로 세 바퀴를 돌며 예의를 표하고 길을 떠난다. 만약 그렇지 않고 그냥 지나가다가 사고나 불행한 일을 당하면, 땅의 신이 노해서 그렇다고 생각한다. 수태차(우유차)를 끓이고 나서도 먼저 하늘에 뿌려서 감사의 예를 표하는데 몽골어로 이를 차찰, 또는 사찰이라고 한다. 이러한 것들은 모두 신령한 자연 가운데 신이 존재한다는 물신숭배 신앙에 기인한 행위이다. 그래서 이들은 악령이 거한다고 추정되는 곳에 거주하거나 가기를 두려워한다.

몽골 사람들은 보통 화요일에는 이사하지 않으며, 그날 이사하면 액운이 낀다고 믿는다. 그리고 이사할 때나 새집을 살 때 길일과 흉일을 따져서 그에 따라 이사 날짜를 정한다. 또 12개의 띠에 따라 이루어지는 자신의 운수를 매일 언론 매체를 통해 확인한다. 그래서 몽골 사람들은 운과 요행을 믿고 바란다. 이러한 몽골 사람들의 특성 때문에 이들은 어려움이 있을 때나 중요한 일을 결정할 때 점을 치거나 점을 잘 치는 점쟁이나 무당, 라마승에게 가서 조언을 구한다.

또 몽골 사람들은 불을 부정의 제거와 가계의 번영을 상징하는 것으로 숭배했다. 모든 몽골 사람들은 분가할 때 가계나 씨족의 연속을 상징하는 화로를 전승받는다. 그래서 칼을 불 속에 집어넣거나 칼로 불을 흩뜨리는 행위, 불 위에서 물건을 자르는 행위, 불을 뛰어넘는 행위 등은 화신(火神)에게 상처를 입히거나 화신의 목을 자르는 것이라 하여 금기시한다. 페티시즘은 춥고 혹독한 몽골의 자연환경 속에서 강하게 발달해 왔으며 지금도 몽골 사람들의 삶 속에 깊이 뿌리를 내리고 있다.

몽골 사람들은 해나 달, 별, 산, 바위, 나무 등등 신성한 물건 등에 영이 존재한다고 믿는다. 그래서 인간과 자연 가운데 일어나는 현상을 영적으로 이해하려는 특징을 갖는다. 페티시즘의 영향을 많이 받는 몽골 사람들은 대체로 두려움이 많다. 어떤 현상을 이해할 때 인간 안에 있는 영적, 심리적, 문화적, 사회적, 자연적, 물리적 영역의 요소들을 적절하게 고려하며 이해해야 하는데 페티시즘의 영향을 많이 받는 몽골 사람들은 지나치게 이를 영적으로만 생각하려는 환원주의에 자주 빠질 위험이 있다.

세속주의

사회주의가 무너지고 그 대신 들어온 자본주의와 함께 최근 30 년 동안 몽골 사람들의 세계관 형성에 큰 영향을 끼치고 있는 것은 세속주의이다. 세속주의란 초월적인 세계를 부정하며 인생의 행복은 돈과 명예, 그리고 권력에 의한 현세적 행복에 있다는 지상 유토피아적인 사고이다. 이들은 돈을 버는 것과 같은 경제적인 면에 관심이 높고 종교나 궁극적인 진리나 믿음에 관해서 관심이 적다. 그 대신 건강과 현세적인 안락함과 쾌락에 관

심이 많다. 그것이 이들에게는 행복이며 진리이다. 그래서 이들은 음악, 스
포츠, 영화, 인터넷, 여행, 유행에 관심이 많다. 세속주의의 영향 가운데 있
는 젊은이들은 이러한 인생의 재미를 충족시켜 주는 돈을 버는 것을 최고
의 가치로 여긴다. 돈이야말로 이들이 추구하고 숭배하는 우상이다. 이들
은 돈을 얻기 위해 지식을 쌓고 과학기술을 배운다. 과학적인 지식과 기술
을 통하여 인간은 물질적 번영과 경제적 부를 누릴 수 있으며 그것이 바로
삶의 기쁨이요 행복이며 삶의 목표라고 믿는다.

　이러한 세속주의의 영향으로 세상은 과학, 기술, 경제성에 노예가 되었
으며 이들을 우상으로 섬기게 되었다. 그로 인해 인간은 점점 물질의 노예
가 되어 가고 있으며, 사회는 빈부의 격차가 심화되고 있다. 또한 산업발
전에 의한 각종 오염과 생태계의 파괴로 인한 환경 재앙으로 삶의 위기를
맞고 있다. 가속화되어가는 이기주의와 향락 산업의 발달로 인간의 존엄
성 또한 무너지고 있다. 결국 인간은 자신이 세워놓은 우상에 의해 노예로
전락해 가고 있다. 이러한 세속주의가 전통적 유목문화와 몽골 사회를 무
너뜨리고 있으며 몽골 사람들의 세계관에 영향을 미치고 있다.

　몽골 사회주의에 나타난 세계관적 특성들을 정리하면 아래의 표와 같
다.

표 5. 몽골 사회주의와 페티시즘, 그리고 세속주의의 세계관적 특성

사회주의의 세계관적 특성	• 유물론: 보이는 물질만이 실재한다. • 현실중심적 사고: 물질과 현실에 관심을 둔다. • 평등성: 남녀의 평등. 직업의 평등. • 나태함과 사회에 대한 무관심. • 지역사회나 공동체의 일에 대한 관심이나 책임감이 부족한 편이다.
페티시즘의 세계관적 특성	• 자연 안에 영혼이 깃들어 있다고 믿고 숭배한다. • 음양오행과 풍수지리를 받아들인다. • 인간과 자연 안에 발생하는 여러 사건을 영적으로 해석하려고 한다. • 환원주의적 사고가 강하다.

세속주의의 세계관적 특성	• 초월적 세계에 가치를 두기를 거부한다. • 이 세상의 부와 재물, 권력, 명예에 관심을 둔다. • 과학, 기술, 경제성을 주된 가치로 삼는다.

7

복음과 세계관의 변화

복음과 세계관의 변화

회심과 세계관의 변화

한 민족이나 지역의 구성원들이 가지고 있는 행동양식이나 생활양식은 그들이 가지고 있는 문화가 반영된 것인데, 이러한 문화를 형성하는 기저에는 바로 그들의 세계관이 존재한다. 한 사람이 개종할 때 행동양식이나 생활양식의 변화뿐만이 아니라 그들의 가치체계와 세계관까지 변화가 이루어졌을 때, 우리는 온전히 회개했다거나 온전한 개종이 이루어졌다고 말한다. 그러기 때문에 사역자가 진정한 개종을 목적으로 사역을 할 때, 무엇보다 그가 사역하는 구성원들의 세계관이 변화되는 것을 목표로 해야 한다. 여기에는 사역 대상자의 세계관을 좀 더 객관적으로 분석하고자 하는 시도와 그것을 성경적 세계관으로 변화시키고자 하는 노력이 있어야 한다.

한 개인이나 집단의 세계관은 영속적이지 않고 외부의 충격, 문화적 접촉이나 충돌, 또 이에 따른 내부의 갈등에 따라 변화를 겪는다. 기독교의 복음도 한 개인이나 집단의 세계관 변화에 큰 영향을 미친다. 성경을 보면 선지자나 사도들이 전한 복음을 듣고 그 세계관이 변화되는 사례들을 만날 수 있다. 구약의 나아만 장군이나 예수님을 만난 니고데모, 사마리아 우물가의 여인들이 그러했으며, 사도 바울의 복음을 듣고 변화된 이방인

신자들이 그러했다. 복음은 사람들의 삶과 관점을 변화시키는 놀라운 능력이 있다. 따라서 사역자는 복음이 주는 놀라운 능력을 알고 타문화권에 적절하게 복음을 증거하는 데 관심을 가져야 한다.

복음을 통한 변화는 반드시 그 문화와 그 문화의 기저에 있는 세계관의 변화에까지 나아가야 한다. 사도행전 14장에서 사도 바울이 루스드라에서 앉은뱅이를 고치자 무리들은 바울과 바나바를 제우스와 헤르메스신이 하늘에서 내려온 것으로 알고 제사를 드리려 했다. 바울과 바나바가 설득하고 말려서 더 이상의 소동은 없었지만, 이 무리 중에서 일부는 나중에 안디옥과 이고니온에서 온 사람들이 충동하자 바울을 돌로 치는 데 합세하게 되었다. 이 사건은 세계관이 변화되지 않은 채 복음을 들은 사람들은 결정적인 순간에 원래대로 돌아갈 수 있으며, 복음과 하나님 나라의 원수로 살 수도 있음을 보여준다. 기독교적 세계관이 확립되지 않은 가운데 사역을 하게 되면, 복음과 함께 비복음적인 것들이 함께 전파되기 때문에 혼합주의에 빠져 사역의 한계가 있을 수밖에 없다. 따라서 이를 극복하기 위해서는 현지인의 문화와 세계관을 파악하고 그에 적합하게 복음의 메시지를 상황화해 전달할 필요가 있다(문상철, 2009:111-12).

비판적 상황화

사도행전 17장에서 사도 바울이 아덴(아테네)에 머물며 아덴 사람들의 상황에 적합하게 복음을 증거한 것처럼 세계관의 변화에 있어서는 회심의 중요성과 아울러 대상자들에 적합한 상황화 작업이 필요하다(147-48). 선교사역의 궁극적 목표는 세계관의 변화에 있기에 사역 대상자의 세계관을 현상학적으로 올바로 이해하고 사역 대상자의 세계관의 변화를 위하여 어떻게 복음을 상황화할 것인지에 초점을 맞추어야 한다. 타문화권에 가서 복음을 전하는 사역자의 경우 자신과 현지인의 세계관을 올바로 이해하고 타문화권 상황에 적합하게 복음을 증거할 수 있는 성육신적 사역자가 되어야 한다. 폴 히버트는 타문화권 사역자의 이중문화의 가교 역할을 중시했을 뿐 아니라 문화적 상황 속에서 성경을 이해하는 비판적 실재론에 입각한 신학적 작업의 필요성을 강조했다. 이를 위해서 사역자는 사역 대상자의 지역문화를 연구하고, 성경의 진리를 가지고 사역 대상자들의 관습이나 문화를 비판적으로 해석하고 평가하는 비판적 상황화 작업을 할 수 있어야 한다(1997:113-16).

문화나 세계관과 같은 정신과학을 연구하는 분야는 연구자의 주관적 관점이나 선 이해, 자연을 바라보는 철학적, 신학적 입장이 다양할 수밖에 없기 때문에 연구 집단의 문화와 세계관의 실체를 객관적이고 보편적으로 파악하기가 불가능하다. 따라서 히버트는 이에 대한 접근 방법으로 여러 문화에 속한 해석자들의 자기 문화와 상황을 뛰어넘는 비판적 상황화를 제안했다.

표 6. 히버트의 비판적 상황화 방법(히버트, 2006:36)

	적절한 반응들				
	1 단계	2 단계	3 단계	4 단계	결과
민간 종교에 있는 종교적 신념들과 행위들	현상학적 분석	존재론적 숙고	비판적 평가	선교학적 변혁	비판적 상황화
	부적절한 반응들				
	옛 신념들과 신앙 행위들에 대한 부정과 정죄				혼합주의
	옛 신념들과 신앙 행위들에 대한 무비판적 수용				

복음을 통한 회심은 근본적인 패러다임의 전환, 즉 실재를 보는 우리의 관점이 근본적으로 바뀌는 세계관의 변화가 필요하다. 따라서 세계관의

변화는 일회적인 사건으로 일어나는 것이 아니라 계속 진행되는 하나의 과정이라 할 수 있다. 따라서 회심과 제자훈련은 어떻게 보면 별개의 것이 아니라 연속적인 것이라 할 수 있다. 우리는 회심 이후 지속적으로 이루어질 세계관의 변화를 제자양육의 한 과정으로 볼 필요가 있다(2007:592-93). 세계관의 변화를 위해서 우리는 복음전도 대상자의 숨어있는 세계관이 드러나도록 돕고 그 세계관을 성경적 진리로 바라볼 수 있어야 한다. 또 예배나 성례와 같은 의식(ritual)을 통하여 세계관의 변화를 촉진시킬 수 있도록 도와야 한다(609-18). 이를 위해서 교회는 세상의 흐름에 반하는 대조적 공동체(contrastive community)로서 그 역할을 감당할 필요가 있다. 아울러 사역자는 세계관 분석이 복음을 통한 회심, 그리고 계속되는 제자훈련을 통한 세계관의 변화로 이어질 필요가 있음을 인식하며 사역해야 한다.

찰스 크래프트는 회심은 '세계관, 행동, 관계'라는 세 가지 부분에서 혁명적인 변화를 가져와야 하며, 회심으로 이끄는 복음 전파는 아래의 표와 같은 세 가지 차원의 대결이 필요하다고 보았다.

표 7. 세 가지 차원의 세계관 대결(크래프트, 2010:80)

구분	관심 분야	대결 수단
진리 대결 (Truth Encounters)	진리에 대한 이해	가르침
충성 대결 (Allegiance Encounters)	주님과의 관계에서의 성숙과 자라감	증거
능력 대결 (Power Encounters)	원수(사탄)로부터의 자유	영적 전쟁

그는 복음의 메시지를 상황화함에 있어서 세계관의 문제를 중요하게 다루었다. 히버트가 주장한 것과 같이 크래프트 또한 복음을 증거할 때 사람

들의 문화와 세계관을 그들의 삶의 방식으로서 존중하되 성경적으로 비판적 상황화 과정을 통해서 복음을 전할 것을 강조했다.

회심은 근본적으로 충성의 대상을 새롭게 바꾸는 것이다. 복음 사역은 복음 대상자와 그 문화를 그리스도의 주권 아래 이끌어 오는 것으로 본질적으로 충성의 대상을 바꾸는 획기적인 변화이다(2010:69-70). 다시 말해서 세계관의 변화는 충성의 대상이 다른 무엇에서 하나님으로 바뀌는 것이다. 그리고 이런 변화는 흔히 능력대결을 동반한다(2006:635). 사도들이 변화된 것처럼, 초대교회 이방인들이 사도 바울의 복음을 듣고 변화되었던 것처럼 복음의 능력을 체험할 때 세계관의 변화가 일어난다.

하나님을 향한 충성의 결단은 우리의 삶을 복음이 요구하는 바에 따라 새롭게 재편하거나 삶의 가치들을 재평가하고 새롭게 해석하도록 만든다. 복음은 우리가 복음을 받아들이기 전에 소중하게 여겼던 돈이나 재물, 명예와 권력, 즐거움, 만족, 행복, 미래에 대한 야망 등등을 새롭게 보도록 만든다. 이전에 지극히 상식적이라고 생각한 부분들이 더 이상 우리의 상식이 되지 않고 복음 안에서 새롭게 갖게 된 영적인 목표들이 상식이 된다. 이처럼 삶의 전반에 대한 재평가와 재해석의 과정을 반복할 때 결국 새로운 습관과 새로운 틀을 형성하게 된다(636). 세계관의 변화는 이처럼 단계적으로 이루어진다(2010:876-77).

폴 히버트는 의식적인 차원인 신념과 관습의 변화가 시간이 흐르면서 세계관 차원의 변화를 가져올 때 세계관의 변화가 발생한다고 했다(2010:609). 세계관의 변화를 위해서는 우리의 사고방식에 영향을 주는 세계관을 성경적 세계관과 비교해 보는 일과 외부인들의 관점에서 자기 문화를 객관적 시각에서 보는 초문화적 공동체를 통한 비판적 작업의 필요성, 그리고 회심과 같은 중요한 사건들에 대한 살아있는 의식을 만드는 일이 중요하다(2010:610-15). 이런 변화는 오랜 시간이 요구되는 일이기에 그는 개인적으로 세계관의 변화가 이루어지는 데는 삼대가 지나야 한다는 의견을 피력했다.

히버트의 주장을 받아들인다면 우리는 세계관의 변화를 위해서 예배와 찬양, 성례식과 같은 '살아있는 의식'을 개발하고자 노력할 필요가 있다. 오늘날의 교회는 의례나 의식을 소홀히 하는 자유스러운 분위기를 강조하는 경향이 강한데, 종교적 상징과 의식이 갖는 세계관적 가치는 결코 무시할 수 없다. 세계관의 변화는 복음의 진리에 대한 단순한 동의나 인정과 같은 지적인 측면만이 아니라 내적 평안과 기쁨, 사랑과 같은 정서적인 측면으로, 삶의 방향 전환을 위한 결단과 행동의 변화와 같은 의지적, 도덕적인 측면까지 포함되는 것이다. 그래서 우리는 영적 각성과 세계관의 변화 그리고 회심과 제자도가 서로 밀접하게 연관되어 있음을 명심해야 한다.

세계관의 변화와 제자도

세계관의 변혁은 회심을 전제로 하며, 진정한 회심은 성화의 삶으로 나아가는 것이다. 세계관의 변화는 바로 성경적 세계관을 겸비한 성숙한 신자로 자라는 것을 지향한다. 일생을 통한 성경적 세계관의 형성은 온전한 제자도의 한 부분이며 신앙 성숙의 중요한 요소이다. 따라서 사역자는 세계관의 변화를 받아 선교하는 하나님의 백성이 되는 것을 제자도의 목표로 삼아야 한다(이태웅, 2012:72). 세계관의 변화가 지적, 도덕적, 감정적, 행동적인 면 전반에 걸쳐서 나타나는 것을 신앙 성숙의 목표로 보고, 이것이 성경이 말하는 그리스도의 장성한 분량에 이르는 것임을 이해할 필요가 있다.

한국의 선교학자 이태웅은 제자훈련을 통한 영적 성숙을 위하여 교회는 성령께 의지하는 삶, 주님의 주되심(lordship) 인정, 성경적 세계관 정립과 순종, 성숙한 대인관계를 강조하고, 또 하나님의 백성으로서의 사명으로는 전도와 봉사, 타인 양육, 리더십 등을 균형 있게 강조해야 한다고 했다 (104-06). 사역자는 그 대상자가 성경적 세계관을 갖게 하도록 사역자 스스로가 먼저 성경적 가치관에 입각한 태도와 행동을 통해서 성경적 세계관을 형성하도록 힘써야 하며, 신앙성숙의 과정과 상황화에 대한 이해, 그리고 교육 및 변화의 심리에 대한 종합적인 이해를 고려해야 한다(1999: 8-12).

성경과 세계관의 변화

또 세계관의 변화에 있어서 가장 중요한 도구는 성경임을 명심해야 한다. 성경의 큰 그림을 조망할 때 세계관의 변화를 꾀할 수 있다. 헤셀그레이브는 성경의 이야기를 연대기적으로 통째로 이해할 때 성경적 세계관에 관해 이해할 수 있다고 주장했다(1999:22-26). 세계관의 변화는 제자도의 본질적 요소로 그리스도인의 가치, 행위, 제도가 변화된 세계관으로부터 나온다(17-18). 성경 이야기가 가지는 내러티브(narrative)는 세계관의 변화에 절대적인 역할을 하기에 교회는 그 메시지를 상황에 맞게 전달하는 해석학적 공동체로서의 사명을 다해야 한다(24-25). 헤셀그레이브는 하나님의 진리를 제시할 때 그 왜곡을 최소화하기 위하여 '성경 문화'에서 온 메시지를 '해석'하여 대상자 문화에 맞게 '기호화'할 것을 제안했다. 즉 세계관의 변혁을 위해서는 현지인들에게 맞게 복음의 메시지를 적절하게 전달해야 하는데, 이를 위해서는 사역자가 자신의 문화와 성경의 문화를 구별하면서 복음의 메시지를 현지인의 문화 속에 '기호화'해야 한다는 것이다 (1999:86-91).

크레이크 바르톨로뮤(Craig G. Bartholomew)와 마이클 고힌도 『성경은 드라마다』에서 창조, 타락, 구속-이스라엘, 예수 그리스도, 선교, 새 창조라는 6막으로 구성된 하나의 연극으로서의 성경 이야기를 세계관 변혁의 수단으로 표현했다. 프런티어 선교회 브루스 그래함(Bruth D. Graham)도 성경 전체의 이야기를 들려줌으로써 현지인의 세계관을 변화시킬 수 있음을 강조했다(랄프 윈터, 2012:97). 이처럼 성경적 세계관과 선교지 대상의 세계관 분석, 그리고 세계관 변혁에 있어서 내러티브의 중요성은 포스트모던 시대의 현대인들뿐만 아니라 몽골과 같은 구전문화 중심의 선교 현장에 적용할 수 있는 좋은 모델이라 하겠다.

세계관의 변화와 사역자의 자세

선교의 궁극적인 목표는 세계관의 변화에 있고 이것은 전적으로 하나님의 사역이다. 사역자는 이러한 이해를 바탕으로 복음을 통해 비성경적인 세계관을 파하는 것이 선교의 출발이며, 이를 넘어서 성경적 세계관을 세우는 것이 제자훈련이요 제자를 삼는 것임을 명심할 필요가 있다. 세계관의 변화는 기본적으로 지식이 아니라 체질의 변화다. 따라서 복음이 세계관 차원에서 상황화되려면 복음 사역자의 성령충만과 성령의 열매를 맺는 삶이 필요하다(안점식, 2008:280-82). 사역자의 삶과 신앙인격의 성숙성, 그리고 기독교 세계관에 입각한 삶은 세계관의 변화를 위한 사역자의 핵심적 사항이다. 세계관의 변화를 가져오는 진리 주장은 논리와 능력이 아니라 일관된 사랑에 의한 감화, 감동으로 이루어진다. 즉, 인식론적 측면이 아니라 관계적, 존재론적 옳음에서 출발하는 것이 중요하다(74-76). 그런데 만약 사역자가 세계관을 변화시키지 못하고 문화 바깥층인 가치체계와 행동양식만 변화시킨다면 사역 현장에서 혼합주의가 나타날 수 있으며, 결국 명목적인 신자만 양산할 수 있음을 주의해야 할 것이다.

사역자가 복음을 통한 세계관의 변화를 위해서 사역 대상자의 세계관을 파악하기 위한 현상학적 분석과 해석, 그리고 성경적 진리에 기초한 비판적 상황화를 실시할 때 세계관의 변화를 이끌 수 있다. 이를 위해서 사역자는 세계관의 변화를 목표로 사역해야 하며 성경을 기본적 도구로 해서 사역대상자의 상황에 적절하게 증거해야 할 것이다. 필자가 사역하는 몽골의 한인 사역자에게 세계관 변화를 위한 모델을 비판적 상황화하여 적용한다면 <그림 3>과 같을 것이다(크래프트, 2010:889).

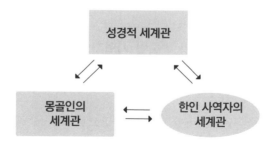

그림 3. 세계관 변화모델의 몽골 상황에의 적용

8

몽골 세계관의 변화를 위한 사역전략

몽골 세계관의 변화를 위한 사역전략

선교의 목표는 영혼을 구원하고 하나님의 공동체를 세움으로써 모든 열방이 하나님께 예배를 드리도록 하는 것이다. 존 파이퍼(John Piper)는 교회의 궁극적인 목표는 선교가 아니라 예배이며, 선교가 존재하는 이유는 예배가 존재하지 않기 때문이라고 말하면서 예배는 선교의 원동력이자 목표라고 했다. 우리가 선교할 때 열방이 하나님의 영광을 충만히 누리게 하려는 것은 예배가 선교의 목표이기 때문이라고 했다(파이퍼, 2003:19).

선교가 온 열방이 하나님을 예배하도록 하는 것이라면 선교는 세계관의 변화를 목표로 해야 한다. 사람이 외형적으로 기독교인처럼 행동하며 살아가더라도, 그 사람이 기존에 갖고 있던 세계관이 성경적 세계관으로 완전히 바꾸어지기 전에는 온전한 기독교인이라고 말하기 어렵다. 왜냐하면 세계관의 변화가 없이 외형적인 변화만 있는 사람은 위급한 일을 당했을 때 그가 이전에 가지고 있던 옛 가치체계나 행동양식으로 돌아가기가 쉽기 때문이다. 따라서 효과적인 선교사역을 감당하기 위하여서는 세계관의 변혁을 목표로 복음을 증거할 필요가 있다(이태웅, 1999:8-10). 이를 위해서 선교사는 복음이 세계관의 변화를 이끌도록 선교 전략을 세워야 한다.

샤머니즘 세계관과 복음의 접촉점

한국의 선교학자 전호진은 샤머니즘과 애니미즘 등 원시전통 종교가 강한 종교인에게 선교하는 다섯 가지 전략을 언급했다. 첫째, 창조주와 자연의 지배자로서의 하나님을 전하는 것이다. 둘째, 샤머니즘의 사람들에게 마귀의 권세를 물리치고 질병의 궁극적 치유자가 되시는 예수 그리스도를 전해야 한다. 셋째, 샤머니즘의 무당 대신에 신과 인간의 참 중보자인 예수 그리스도를 전해야 한다. 넷째, 샤머니즘의 선교 전략으로 귀신의 능력을 능가하는 성령의 사역을 강조하고 아울러 신학적으로 성령론을 발전시켜야 한다. 다섯째, 토착화를 신중하게 시도해야 한다(1993:142-47). 필자는 전호진의 분석을 기초로 하여 몽골 샤머니즘 세계관에 적합한 복음의 상황화 전략을 복음의 접촉점을 중심으로 생각해보고자 한다.

유일한 창조주 하나님

샤머니즘은 최고의 신이라 할 수 있는 천신(텡게르) 외에도 여러 신들의 존재를 믿으며, 자연 세계에 신령이 깃들어 있다고 믿고 숭배한다. 이러한 신령들은 비인격적인 초자연적 존재이다. 샤머니즘에는 경전이 없기에 신의 속성이나 본질에 대해서 자세히 살펴볼 수 없다. 따라서 복음을 소개할 때 사도 바울이 아덴에서 '알지 못하는 신'(행 17:23)을 접촉점으로 삼아 아덴 사람들에게 복음을 전한 것처럼, 하늘의 신을 창조주 하나님으로 소개하는 것은 매우 중요한 접촉점이 된다.

기독교의 하나님은 천지를 비롯한 인간과 모든 자연 세계를 창조하신 유일한 창조주다. 또 인간과 자연의 생사화복을 주관하며 우리의 이생뿐만 아니라 죽음 이후의 영의 세계 또한 다스린다. 인간과 자연을 비롯한 삼라만상의 모든 것들은 숭배의 대상이 아니라 하나님의 피조물로서 하나님의 다스림을 받는 존재이다. 따라서 인간은 오직 창조주 하나님만을 섬기고 숭배해야 한다.

또한 창조주 하나님은 인간과 세상을 지으시고 섬김을 받으시는 하나님일 뿐만 아니라 인간과 대화하고 교제하기를 원하시는 인격적인 신이시다. 기독교의 하나님은 샤머니즘의 신령들과 같이 필요할 때 얼마든지 구할 수 있는 복의 수단이 되는 주술적인 신이 아니다. 오히려 인간을 사랑하고 인간들이 하나님의 성품을 닮아 살아가도록 원하시고 인간의 구원을 추구하시는 하나님이시고, 죄를 짓고 하나님을 거역하는 자는 반드시 법으로 심판하시는 정의의 하나님이시다.

따라서 인간은 하나님과 올바른 관계를 맺는 것이 중요하며 이를 위해서는 죄를 회개하고 하나님의 용서를 받아들여야 한다. 그리고 하나님의 말씀에 순종함으로 하나님의 뜻을 드러내는 삶을 살아야 한다. 이것이 하나님을 숭배하고 믿고 숭배하는 삶이다.

온전한 구원의 중개자 예수

샤머니즘의 구원관에 있어서 가장 핵심적 요소는 무당의 역할이다. 그는 신과 인간의 중간 역할을 하는 자로서 주술과 의식을 통하여 화난 신을 위무하고, 초자연적인 힘으로 질병과 재난의 원인을 찾아내는 자이다.

무당의 존재는 복음이신 예수 그리스도를 소개하는 데 좋은 접촉점이 된다. 복음은 인간의 불행이나 재난이 인간의 죄와 그로 인한 자연세계의 타락에서 비롯되었다고 말한다. 그리고 이러한 문제를 해결하고 타락 가운데서 인간을 구원하고 하나님의 형상을 회복시키기 위하여 예수 그리스도께서 오셨다. 예수께서는 죄로 인하여 신음하고 병으로 고통받고 귀신에 눌린 많은 사람을 고치시고 회복시키셨다. 예수 그리스도는 모든 귀신을 물리치는 유일한 하나님의 아들이시다. 그러므로 예수님을 믿어야 구원을 얻을 수 있다. 인간의 재난과 불행을 해결하는 궁극적인 방법은 죄를 회개하고 예수님을 믿고 하나님께로 돌아와야 한다. 그럴 때 하나님의 자녀가 되고 하나님의 생명을 얻게 된다. 예수님은 샤머니즘의 무당이나 신령보다 더 능력이 있으시다.

예수 그리스도는 온 세상을 다스리시고 통치하시는 유일한 하나님이시다. 그리고 우리를 죄에서, 고통에서, 재난에서, 마음과 육체의 상처에서 구원하실 유일한 구원자요 치료자이다. 복음은 예수 그리스도만이 인간을 하나님의 진노에서 벗어나 영원한 복을 얻게 해주시는 참 구주라고 말한다. 그러나 복음은 능력이 아니라 그 진리를 알고 믿을 때 구원을 얻는다고 말한다. 성경은 예수께서 친히 길과 진리로 이 세상에 오셨다고 말한다. 따라서 진리이신 예수를 믿고 예수의 말씀인 진리에 순종해야 한다. 그래야 온전한 구원을 얻을 수 있다. 하나님과 인간의 관계를 회복시켜 온전한 회복을 이루시는 분은 오직 중보자 예수 그리스도 한 분이다.

의존적 인간

샤머니즘의 인간관은 인간의 생사화복이나 흥망성쇠가 인간 스스로의 노력에 의해 좌우되는 것이 아니라 신령의 뜻에 달려있다고 믿는다. 샤머니즘은 인간의 제 문제에 대해서 그것들을 해결할 능력이 인간 안에 없기에 초자연적 존재의 도움을 받아야 한다고 말한다. 인간의 생사화복을 주관하는 신에 대한 의존적 존재로서의 인간의 모습은 기독교적인 하나님에 대한 신앙을 받아들이는 데 도움을 준다. 인간은 하나님께 전적으로 의존하며 하나님의 뜻에 따라야 하는 존재이다.

샤머니즘의 죄는 종족이나 조상의 신에 대한 의식을 등한시하거나 정해진 규칙이나 금기하는 풍습 즉, 타부(taboo)를 깨는 것이다. 샤머니즘에서 죄와 고통은 신령과의 연관성 속에 해석될 수 있다. 이것은 죄가 창조주 하나님과의 관계 문제에 있음을 설명하는 데 좋은 접촉점이 된다. 인간의 죄는 하나님의 말씀에 순종하지 않고 하나님의 뜻과 상관없이 사는 데 있다. 인간의 고통은 그러한 죄의 결과물이다. 인간이 자신의 죄와 그 문제들을 해결하려면 죄를 회개하고 하나님과의 관계를 새롭게 정립해야 한다. 그리고 하나님의 말씀대로 살겠다는 삶의 변화가 실제적 삶의 열매로 나타나야 한다. 복음을 받아들이는 것은 이러한 죄를 벗고 의로운 삶을 사는 지름길이다. 복음과 함께 성령을 받아들이면 성령의 능력으로 새로운 복된 삶을 시작할 수 있다. 성령은 우리의 삶과 우리가 살아갈 세상을 새롭게 바꾸시는 능력의 원천이다.

내세로서의 천국

샤머니즘의 인생관은 이승, 저승으로 나누어진다. 인간이 죽으면 육신은 사라지지만 영혼은 죽지 않고 저세상으로 가서 거하게 된다. 샤머니즘은 이승과 저승의 경계가 명확하지 않아 산 자의 세계와 죽은 자의 세계가 상호 연결되는 특징이 있다. 샤머니즘의 내세관에서 영혼의 불멸성과 저승에 대한 믿음은 기독교의 종말과 천국을 소개하는 데 좋은 접촉점이 된다. 사람은 죽으면 그대로 인생이 끝나는 것이 아니고 죽음 이후의 세계가 있다. 모든 사람은 마지막 때에 부활하여 하나님의 심판을 받게 된다. 따라서 내세에서 천국에 가려면 현세에서 아무렇게 살아서는 안 되고 반드시 복음이신 예수 그리스도를 믿고 새롭게 되어야 한다. 부활하신 예수님을 믿는 자는 누구든지 내세에 영원한 생명으로 천국에 이르게 된다.

샤머니즘이 몽골 기독교에 미치는 영향

샤머니즘은 역사적으로 몽골 사람들의 정신세계를 형성하는 데 큰 영향을 미쳐왔다. 샤머니즘은 애니미즘, 주술, 토테미즘 등과 같은 원시신앙의 기초 위에서 발생했기 때문에 몽골 사람의 무속의 신앙적 세계관에는 다양한 형태의 원시신앙이 흡수되어 있다. 샤머니즘은 몽골 사람들의 신앙적 세계관의 근간을 이룬다고 해도 과언이 아니다. 샤머니즘은 타종교의 세계관을 흡수하거나 수용하여 융합하는 특성이 있다. 몽골이나 한국 등 샤머니즘이 민간 신앙을 형성하는 사회에서는 공통적으로 외래종교들이 샤머니즘의 영향을 받아 습합하는 현상이 일어났다.

사역자가 샤머니즘 세계관의 변화를 위한 복음의 상황화를 꾀한다면 먼저 몽골 샤머니즘이 기독교에 미칠 세계관적 영향들을 파악하는 작업이 필요하다. 왜냐하면 샤머니즘의 세계관적 영향들을 제대로 파악할 때 사역자는 그에 적합한 사역전략을 세울 수 있기 때문이다.

현세기복적인 신앙으로서의 기독교

기독교는 사랑과 섬김, 부활의 신앙이다. 기독교 신앙은 미래에 이루어질 천국을 소망하며 이 땅에서 천국 백성으로 사는 종말의 신앙이다. 그런데 샤머니즘의 신령은 인간이 구원을 얻기 위해 삶이나 윤리를 바꾸어야 한다고 말하지도 않는다. 굿을 해서 신령을 기쁘게 하면 그것으로 만족한다. 또 샤머니즘의 내세관은 기독교와 같은 명확한 구원이나 천국의 개념이 없다. 저승이라는 개념도 확실하지 않고 육신이 죽으면 영혼이 가는 저 멀리에 있는 막연한 곳이다.

샤머니즘의 영향을 받을 때 기독교는 하나님을 샤머니즘의 신령들과 같이 절대적인 존재이지만, 필요할 때 얼마든지 구할 수 있는 복의 수단이 되는 주술적인 신으로 받아들일 수 있다. 재앙을 물리하고 복을 불러들이기 위해서 하나님을 믿는다든지, 질병을 치료하기 위해서 기도한다든지, 더 큰 물질적인 축복을 바라는 마음으로 헌금하는 행위가 여기에 속한다. 무당이 굿을 하면서 신령을 받아 공수를 내리듯이 목회자도 안수를 통한 축복과 중보기도, 축귀사역 등으로 자신의 정체성을 파악할 가능성이 있다.

기독교의 복음이 갖는 주된 가치인 구원, 화해, 섬김, 사랑, 소망이 복이라는 물질적, 현실적 가치로 바뀔 수 있고 구원과 복과 소망은 물량적이고 현세적인 것으로 바뀔 수 있다. 이처럼 몽골 기독교도 샤머니즘과의 융합으로 원래 가지고 있던 기독교의 세계관적 요소들은 희미해지고 대신 샤머니즘의 현세기복적인 성격이 강화될 수 있음을 주지해야 한다.

두려운 존재로서의 하나님

샤머니즘의 신령에 대한 개념은 매우 모호하다. 신이 어떠한 인격을 가진 신인지 알 수가 없다. 따라서 샤머니즘에서는 신의 속성에 관심을 두지 않는다. 샤머니즘에서는 무수한 영들이 존재함을 믿고 이런 신령들을 두려워하고 경배한다. 샤머니즘에서는 신령들을 세상에서 일어나는 모든 일을 일으키는 주된 원천이라고 믿는다. 또 많은 금기가 있어서 이를 어길 경우 신령으로부터 화를 입는다고 여긴다. 그래서 샤머니즘에서 신령들을 숭배하는 것은 재앙을 당하지 않으려는 신령에 대한 두려움과 신령의 노를 사지 않으려는 동기가 강하다. 제재초복 즉, 재앙을 제거하고 복을 받기 위한 목적으로 굿이나 치성과 같은 의례를 행한다.

기독교의 하나님은 샤머니즘의 신령처럼 저 멀리 계시면서 심술궂게 재앙을 내리는 신이 아니다. 기독교의 하나님은 인간이 신을 떠나 죄 가운데 거할 때, 친히 인간에게 오셔서 그들에게 은혜를 베푸시고 하나님과 화해할 수 있는 길을 마련하신 인격적인 하나님이다. 독생자까지도 아낌없이 주시는 사랑의 하나님이시며 꺼져가는 등불도 끄지 않으시는 자비로우신 하나님이시다.

그럼에도 불구하고 샤머니즘의 영향을 받은 기독교는 하나님을 샤머니즘의 신령과 같이 생각하며 인간에게 고통을 주고 노를 발하는 막연한 두려움의 존재로 여기기 쉽다. 샤머니즘에서는 초자연적 신령들이 인간계에 일어나는 모든 일을 촉발한다고 여긴다. 그리고 샤머니즘에서의 인간은 신령과 무당에게 의존적인 존재이다. 교통사고나 길을 가다 넘어져서 다리를 다쳤을 때, 흔히 하나님께 드릴 십일조를 안 냈다거나 주일성수를 하지 않아서 하나님께서 진노하셨다고 해석하기 쉽다.

무당과 같은 존재로서의 목회자

샤머니즘에서는 가정의 불화나 재앙, 또 사람의 질병의 원인을 흔히 신령이 진노해서, 조상이 한이 맺혀서, 금기를 깨뜨려서, 살이 끼어서와 같이 외부적이고 초월적인 힘에 의해 생긴 것으로 해석한다. 이러한 샤머니즘의 특성은 기독교에도 영향을 미칠 가능성이 있다. 그래서 주일에 예배를 드리거나 목회자를 통해 중보기도를 받는 것이 외부적이고 초월적인 힘에 의한 재앙이나 질병에서 자신과 가족을 보호하기 위함일 수 있다. 신자들이 목회자와 상담하며 목회자의 기도를 받기 원하는 것도 샤머니즘에서 무당이 굿을 통해 신과의 화해와 소통을 하듯이 이러한 기대를 하는 것과 무관하지 않다.

능력중심의 권위주의

무당의 권위는 주술적 능력에 기초한다. 무당은 주술행위를 통해서 사람들의 현세적 욕구를 충족시켜 주는 기복신앙의 중심에 서 있다. 무당은 신들의 능력을 조종하여, 인간의 현세적 유익들, 이를테면 치병, 부귀, 장수 등을 가져올 수 있는 종교적 능력을 가진 자이다. 샤머니즘의 영향은 능력에 대한 숭배와 능력에 입각한 권위주의를 조장할 수 있다. 신들과 사람들 사이의 매개자로서의 무당의 역할을 그대로 목회자에게 투영하고 할 수 있음을 명심해야 한다.

또 진리 자체보다 진리로부터 나타나는 능력을 중히 여길 수 있다. 참된 기독교는 능력이 나타나는 것이 중요한 것이 아니라 능력의 기원이 중요하다. 복음에는 능력이 있지만, 능력이 곧 복음 그 자체는 아니다. 능력은 복음의 부산물일 수는 있으나 복음의 핵심은 아니다. 복음의 핵심은 죄 사함의 은총에 있다. 그럼에도 불구하고 샤머니즘의 영향을 받은 기독교는 종종 능력이 곧 복음으로 대체될 수 있음을 상기할 필요가 있다.

성공주의

일반적으로 성공은 자신의 신분과 재력을 향상시키는 것이다. 이것은 풍요와 다산을 골자로 하는 현세기복적인 샤머니즘과 연장선상에 있다. 이러한 성공주의는 결과주의를 낳기 쉽다. 즉 어떤 과정을 거치더라도 성공하면 된다는 의식을 갖기 쉽다. 또 성공주의는 가시적 결과를 나타내기 위해서 물량공세를 통한 프로젝트 중심적인 사역을 하도록 부추긴다. 성공주의는 실속보다는 외적으로 드러내 보이는 데 치중하는 것으로 나타난다. 그래서 교회 지도자들이 더 높은 학위를 받는 데 치중하거나 교회의 외적인 위세를 드러내기 위해서 건축과 부동산에 치중하게 되는 것으로 나타날 수 있다.

샤머니즘의 세계관 변화를 위한 사역전략

샤머니즘의 세계관 변혁을 위한 사역전략에 대해서 몽골 사역자인 이대학은 샤머니즘과의 혼합주의를 조심할 것, 샤머니즘의 본질적인 뿌리와 동기와 목적을 분석하여 샤머니즘의 거짓됨을 드러낼 것, 영적 대결에서 승리할 것, 교회와 성도들의 변화된 삶, 그리고 하나님의 임재를 드러내는 것이 중요하다고 주장했다(2013:31-34). 민남기는 『한국식 전도법』에서 첫째로 다신교적 세계관을 유일신 창조주 하나님만을 섬기는 삶으로의 전환이, 둘째로 인간 중심에서 하나님 중심으로 살아가는 인간관의 전환이, 셋째로 이 세상 중심에서 천국 중심의 삶으로의 세상관의 전환이, 넷째로 현실적인 축복에서 하나님을 아는 축복으로의 가치관의 전환이 필요하다고 강조했다(1998:245-57). 그는 혼합적인 샤머니즘적 세계관에서 기독교 세계관으로 전환되어야 비로소 기독교인이 되는 것임을 강조했다(1998:257).

혼합주의에 대한 경계

샤머니즘적 세계관의 변화를 위해서 복음을 증거할 때 가장 주의해야 할 점은 혼합주의에 빠지지 않는 것이다. 샤머니즘은 역사적으로 외래 종교가 유입될 때 영향을 받으면서도 반대로 그 종교를 흡수하는 강력한 특성을 띤다. 기독교의 복음 또한 샤머니즘에 흡수되어 혼합주의적 복음이 될 우려가 있다. 몽골 사람들은 기독교의 하나님을 샤머니즘의 신령들과 같이 절대적인 신이지만, 필요할 때 얼마든지 구할 수 있는 복의 수단이 되는 주술적인 신으로 생각하기 쉽다. 따라서 재앙을 물리치고 복을 불러들이기 위해서 하나님을 의지한다든지, 질병을 치료하기 위해서 기도한다든지, 더 큰 물질적인 축복을 바라는 마음으로 헌금한다든지 하는 종교적 행위들이 믿음으로 변질될 우려가 있다. 이렇게 될 경우 몽골 기독교는 샤머니즘 세계관과 혼합되면서 현세기복적인 종교로 변화되기 쉽다. 따라서 샤머니즘의 세계관을 이해하고 복음의 고유한 본질을 유지시키는 것이 매우 중요하다. 사역자는 이러한 혼합주의가 일어나지 않도록 성경적 세계관에 입각하여 복음을 증거하도록 힘써야 한다.

인격적인 하나님에 대한 강조

샤머니즘적 신관의 특징은 주술적 의식을 통해 신을 조정할 수 있다는 가치체계이다. 그래서 하나님을 믿을 때 현실적 축복의 수단으로 하나님을 받아들인다. 마치 자판기에 돈을 넣어서 자기가 원하는 음료수를 골라

먹는 것과 같이 하나님에 대해서도 그러한 생각을 가진다. 종교의식에 참여하여 통성 기도나 악기를 동반한 열정적인 찬양이나 춤과 같은 종교적노력과 행위를 통해서 하나님의 축복을 받을 수 있고 또 그것을 조정할 수있다고 생각한다(안점식, 2008:148). 따라서 샤머니즘적 세계관 가운데 있는 사람들을 대상으로 사역할 때, 사역자는 무엇보다 기독교의 하나님이인격적인 창조주이심을 강조할 필요가 있다.

인격적인 하나님은 거룩함과 공의로써 우리를 다스리시며 심판하시는분이심을 이해시켜서 진정으로 하나님의 자녀가 되기를 원한다면 하나님의 말씀에 순종해야 하며, 하나님의 말씀에 따라 거룩한 삶을 살아야 함을강조해야 한다. 아울러 믿음이 자라기 위해서는 하나님과 인격적인 관계를 맺음으로써 하나님을 더욱 깊이 알고 하나님의 뜻에 순종하는 삶을 살아야 한다는 것을 인식시킬 필요가 있다. 기도에 대해서도 우리의 필요를채우거나 우리의 소원을 이루기보다 하나님의 뜻에 우리의 뜻을 맞추는것이 기도의 참된 의미임을 강조할 필요가 있다. 그래서 하나님의 인격성을 최대한 바르게 전달할 필요가 있다(안점식, 2008:148-70).

또한 겉으로 드러나는 사람들의 종교 행위나 활동을 통해서 그 사람의믿음을 파악하지 말고 하나님과의 관계와 순종, 그리고 자기부인과 자기포기, 또 손해보는 삶이라는 측면에서 그 사람의 믿음을 파악하도록 훈련해야 한다. 종교적 열정이나 행위가 있다고 해서 반드시 믿음이 좋은 것이아니기 때문이다. 남을 위해서 기꺼이 자기 유익을 포기하는 신앙인격을갖도록 돕고, 삶과 인격이 바뀌지 않는 종교적 열심은 샤머니즘적 세계관이지 기독교적 세계관이 아니라는 것을 알고 바른 복음을 가르쳐야 한다.기독교의 복음은 궁극적으로 믿는 자에게 복을 가져오지만, 이 복이 단순히 현세적인 것이 아니라 영적인 것이며 종말론적이라는 것을 강조할 필요가 있다.

진리와 능력 중심의 복음

샤머니즘은 진리보다는 능력에 그 관심이 있다. 샤머니즘에서 가장 중요한 것은 능력이 드러나는 것이다. 샤머니즘의 주요 의례인 굿은 신령과의 접촉이며 신령을 통하여 신의 노여움을 줄여서 가정의 질병이나 화를 없애고 재수를 얻도록 해 준다. 굿의 목적은 화를 면하고 복을 얻는 것으로 좋은 결과를 얻는 능력이 중시된다. 샤머니즘적 세계관 속에서 선교사역을 할 때도 마찬가지로 복음의 내용보다는 그 능력에 의해서 평가되기가 쉽다. 사역자는 이 부분에 대해서 두 가지의 접근법을 가지고 접근해야 한다.

첫째는 기독교가 진리의 종교임을 강조하는 것이다. 기독교는 복음의 진리 아래 바로 서는 믿음이 중요함을 강조해야 한다. 진리 안에 능력이 있지만, 진리가 반드시 능력으로 입증될 때만 진리로 나타나는 것은 아니다. 그 이전에 진리 그 자체를 믿고 진리에 순종하고 헌신하는 것이 중요하다. 기독교가 진리임을 능력으로만 입증하려고 하다 보면 혼합주의에 빠질 수 있음을 주의시킬 필요가 있다(안점식, 2008:280).

둘째는 능력대결의 중요성이다. 샤머니즘에서는 능력의 대결이 큰 영향력을 미친다. 기독교의 하나님이 샤머니즘의 무당이나 신령보다 더 능력이 있음을 드러내 보이는 것이 중요하다. 따라서 무당이 지배하는 사역 현장에서 사역할 때는 무당과의 영적 대결이 불가피하다. 예수 그리스도가 가장 능력 있는 신이라는 것을 드러내지 않고서는 그들을 믿음으로 인도하는 데는 어려움이 따른다. 그러므로 사역자는 유일한 우주적 하나님으로서의 예수 그리스도를 소개하고 아울러 복음의 능력을 중보기도, 축사와 치유 사역을 통해서 드러내도록 힘써야 한다. 현실적인 삶의 변화를 목격할 때 하나님이 샤머니즘의 신령들보다 더 능력 있는 참 신이라는 것을 믿을 수 있기 때문이다. 능력을 통한 영적 대결이 신학적 혼합주의, 체험

지향적인 신앙, 기복적인 신앙을 낳게 하여 성경적 진리에서 벗어날 수 있는 위험에 대해서 경계해야 하겠지만, 영적 대결의 승리를 통해서 진리를 명확하게 드러내고자 하는 방법이 가장 효과적인 선교 전략 중의 하나임을 기억해야 한다.

주술적 신앙에 대한 경계

샤머니즘은 애니미즘의 한 형태이다. 만물의 모든 문제의 원인이 초자연, 즉 신령과 관계가 있다고 믿는다. 따라서 샤머니즘 세계관 속에 있는 사람들은 인간의 문제들을 신의 탓으로 돌리는 의존적 신앙을 가지기 쉽다. 재난이나 질병이 생기면 그것은 모두 신령이나 귀신들과 연관이 있다고 생각하기 때문이다. 이러한 무속적 의타신앙은 신에 대한 인격적 신앙을 감정적 의존, 기복적인 의존, 주술적 의존의 차원으로 변질시킬 수 있는 위험이 있다(김영한, 1988:52).

주술적 신앙은 믿음을 통한 인격적인 변화로 새로운 존재가 된다는 기독교 본래의 의미를 왜곡시켜서 아무런 인간 존재의 변화가 없이도 다만 믿음으로 복을 받는다는 현실적인 기복주의를 심을 수 있다. 또 일상적인 삶 가운데서 일어나는 문제들을 지나치게 영적인 것으로 축소하여 생각하게 만들 수 있다. 예를 들어 자신에게 안 좋은 일이 생기면 주일에 예배를 참석하지 않았거나 헌금을 드리지 않아서 하나님께서 벌을 내리셨다고 생각하는 것이다. 이러한 현상은 영적인 사역에만 가치를 두고 학교에서 공부하는 것이나 직장에서 성실하게 맡겨진 일을 감당하는 것은 무시하는 이원론적 성향으로 나타날 수 있다.

사역자는 이러한 위험성을 깨닫고 인간의 전인적인 차원을 고려한 다각적인 판단, 그리고 지, 정, 의와 영, 혼, 육을 고려한 전인적인 양육이 동시에 일어날 수 있도록 가르쳐야 한다. 이를 위해서 복음의 총체적인 면을 이해하도록 훈련하고, 일상생활 속에서 하나님의 뜻을 묵상하고 살아가는 영성을 강조해야 한다. 기독교 세계관의 관점에서 삶과 세상, 그리고 역사를 바라보는 성숙함이 이루어지도록 힘써야 한다.

아울러 자연에 대한 축소주의적인 사고를 넘어서도록 사역자는 자연을 두려워하기보다 자연을 하나님의 피조물로 인식시킬 필요가 있다. 또 하나님의 청지기로서 자연을 하나님의 뜻대로 올바로 다스리는 성경적 사고 훈련을 해야 한다. 자연 가운데 역사하는 영을 두려워하기보다 온 우주를 다스리시고 섭리하시는 하나님을 두려워하고 하나님의 진리에 순종하며 살아가도록 강조하는 것이 필요하다.

티베트불교 세계관과 사역전략

몽골의 티베트불교는 고등종교로서 갖는 교리적인 요소와 민간신앙적인 요소가 혼재하기에 두 가지를 나눠서 사역전략을 살펴보고자 한다.

고등종교로서의 티베트불교 세계관에 대한 사역전략

티베트불교적인 세계관의 변화를 위하여 사역자는 먼저 티베트불교의 윤회사상이나 고통으로부터의 해탈, 사후 세계 등에 대한 교리 체계를 잘 파악하여 복음과의 접촉점이 무엇인지를 알아야 한다.

고통에 대한 부처의 가르침은 세상이 무상한 것이고 나라고 할 것이 없기 때문에, 모든 것은 고통이라는 것이다. 고통을 극복하기 위해서는 고집멸도(苦集滅道)의 사성제와 팔정도를 깨닫고 수행하는 것이 중요하다. 성경도 인간의 고통에 관해 말하는데 고통은 인간이 하나님의 말씀에 불순종하고 죄를 지어 하나님과의 관계가 단절된 결과이다. 이 세상과 인간의 고통은 죄의 결과에서 기인한다. 불교에서 말하는 무지와 이에 따른 집착도 바로 인간의 죄 때문에 생긴 것이다. 인간의 죄 때문에 인간에게 비정

상적인 욕구가 생기고 번뇌가 생긴 것이다(안점식, 2008:129). 따라서 고통을 없애기 위해서는 고통의 근원인 죄를 회개해야 한다. 고통이 죄 때문에 생긴 것이므로 죄로부터 돌이키는 회개가 고통을 없애는 길이 된다. 죄에 대한 회개를 통하여 인간은 고통에서 벗어날 수 있으며 그 해결책은 우리의 죄를 위해 오신 예수 그리스도를 믿고 자신의 죄를 회개하는 것이다. 그럴 때 진정한 해탈 즉, 구원의 경지에 이를 수 있다.

내세관에 있어서 티베트불교는 죽은 사람이 다음 세상에서 환생할 것을 가르친다. 그러나 성경은 한 번 죽는 것은 사람에게 정해진 것이요 그 다음에는 심판이 있다고 말한다(히 9:27). 성경은 인생을 포함하여 시간과 역사는 순환적이지 않고 하나의 수직선과 같아서 시작이 있으면 반드시 그 종말이 있다고 말한다. 모든 사람은 마지막 때에 자기의 행한 일로 인하여 하나님의 법칙에 따라 심판을 받게 된다. 그러므로 사람은 하나님의 뜻과 법칙에 따라서 우리의 죄를 회개하고 그리스도를 믿고 하나님의 말씀에 순종하며 살 때 구원을 얻으며 내세에 영광의 상태로 영생할 수 있다.

티베트불교는 사물과 실체에 대해서 모든 것이 변화하는 것이며 허상이라고 말한다. 즉, 영원히 존재하는 실체는 없다고 가르친다. 그러나 복음은 하나님의 창조가 실제적 역사에 바탕을 두고 있다고 말한다. 그것은 허상이 아니며 실재이다. 세상이 허상처럼 덧없이 보이는 것은 인간이 하나님을 떠나 참된 의미를 잃어버렸기 때문이다. 모든 사물이 참된 실재를 회복하기 위해서는 죄된 인간이 예수 그리스도로 인해 죄에서 해방되어 완전히 회복될 때 가능하다.

티베트불교는 구원관에 있어서 인간이 해탈하지 못하는 것은 무지 때문이며, 인간은 스스로 깨달음을 통해서 해탈에 이를 수 있다고 주장한다. 그러나 성경은 인간이 죄인이기 때문에 스스로의 노력으로는 구원에 이를 수 없다고 말한다. 구원은 인간 스스로의 깨달음으로 이루어지는 것이 아니라 회개와 예수 그리스도에 대한 믿음으로 가능하다. 예수 그리스도에 대한 믿음으로 말미암아 인간은 죄로 인한 고통과 죽음에서 벗어나 구원을 얻을 수 있다.

이처럼 티베트불교의 세계관에 대해서는 일차적으로 복음의 변증을 통하여 세계관의 변화를 이끌 수 있다. 그러나 지적인 변증만으로는 충분하지 않다. 세계관의 변화를 가져오기 위해서는 기독교 사역자가 라마승보다 도덕적으로 더 성결한 삶을 산다는 것을 보여줄 수 있어야 한다. 정직과 신실함, 겸손한 삶과 사랑의 실천을 통하여 라마승들보다 더 나은 삶을 드러낼 수 있어야 한다. 신자의 거룩한 삶이야말로 복음이 전하는 메시지를 가장 설득력 있게 만드는 힘이 된다.

민간신앙으로서의 티베트불교 세계관에 대한 사역전략

민간신앙의 측면에서 티베트불교는 샤머니즘적인 요소와 밀접하게 연관되어 있다. 몽골 대부분 가정에는 불상과 부처 그림이 있는데, 몽골 게르(전통 천막집)에서는 가장 상석에 불상과 조상들의 사진을 놓는다. 몽골 사람들은 매일 불상 앞에 촛불을 켜고 예의를 표한다. 또 주말에는 간단사와 같은 사원에 가서 기도를 드리고 소원을 빈다. 결혼식이나 장례식, 병이 들었을 때나 이사 갈 때, 기타 중요한 사건이 생길 때 몽골 사람들은 불교 사원을 찾으며 라마승을 만나 경전 암송을 받기도 하고, 기도를 받기도 한다. 라마승이 외우는 불경과 가르침은 몽골 사람들의 행동과 의사 결정에 큰 영향을 미친다.

민간신앙의 차원에서 티베트불교가 몽골 사람들에게 주는 의미는 무지에 대한 깨달음을 통한 고통의 제거라는 불교 본래의 목적보다는 개인이나 가족의 안녕과 행복, 현실적인 부요함에 더 큰 의미가 있다. 몽골의 티베트불교는 역사적으로 샤머니즘적인 세계관과 결합된 형태를 띠어왔다. 샤머니즘적인 세계관은 티베트불교의 교리와 혼합되어 몽골 사람들의 삶과 마음 가운데 깊숙이 자리 잡고 있다.

티베트불교의 승려들은 환자들의 병이나 문제들을 듣고 주문을 외우거나 책을 읽어주며, 어디에 묫자리를 세워야 하는지, 태어난 아이에게 어떤 이름을 지어야 하는지, 어떻게 해야 재앙을 벗어날 수 있는지 등등 인생의 사건이나 위기 때마다 조언자, 중개자, 해결자로서의 역할을 담당한다. 몽골에서 라마승들의 역할은 한국의 무당들이 하는 역할과 상당히 비슷하며 그 영향력 또한 매우 크다. 그런데 라마승들이 하는 말과 이들이 지키라고 하는 금기사항 등은 복음의 진리와 상반되는 것들이 많다. 이들이 지시하는 대부분 사항은 사람들을 위로하고 격려하고 깨우치는 요소도 있지만, 사람들에게 겁을 주고 사람들의 영혼을 구속하는 역할도 있다.

따라서 사역자는 몽골 사람들이 라마승들 가운데 있는 사단의 영향력에서 자유롭게 되도록 중보기도하고, 신자들에게 라마승의 영향으로부터 자유롭게 되도록 말씀을 전하고 가르치는 일이 필요하다. 또 티베트불교에서 줄 수 없는 우주적 복음의 진리를 담대하게 선포하는 말씀 선포의 사역이 필요하다. 신자들에게 복음의 진리를 전하고 성경적 세계관을 올바로 가르치는 사역 또한 간과할 수 없는 중요한 사역이다.

유목 세계관과 사역전략

유목 세계관은 자연을 중시하고 인간은 자연과 조화를 이루며 또 자연에 의존하며 살아야 하는 존재라고 강조한다. 그러나 복음은 인간이 자연을 다스리며 자연을 관리하는 책임적 존재임을 말한다. 따라서 샤머니즘적 세계관 속에서는 하나님, 인간, 자연의 올바른 관계를 바르게 이해시키는 것이 필요하다.

황선국은 몽골 유목문화에 상황화된 사역전략으로 1) 유목문화에 기초한 유목신학의 정립, 2) 유목문화의 '생존'이란 키워드를 수용하는 총체적인 삶의 선교, 3) 유목민들의 관계 네트워크를 활용하는 선교, 4) 가공의 친족관계를 형성하는 선교, 5) 통합적인 열린 세계관을 활용하는 선교, 6) 실용주의적 세계관을 활용하는 선교, 7) 몽골 유목문화에 상황화된 가공의 친족관계로 구성된 인적·물적·지역적·관계적 네트워크 개념의 교회개척을 제시했다.

김은호는 유목민의 영성을 "이동과 쟁취의 영성"이라고 했다. 그는 목초지를 따라 지역의 경계를 자유롭게 이동하는 민족성, 새로운 목초지를 위해서라면 언제든지 이웃의 소유를 쟁취해 갈 수 있는 호전성, 수많은 자연적 위험을 신앙심으로 극복하려는 종교성을 유목민의 특성이라고 언급했다(김은호, 2014:585).

유목사회는 드넓은 초원에서 소수가 살아가기에 개인적 자유와 개인주의적 세계관을 강조한다. 따라서 이들에게는 공동체의 중요성을 강조할 필요가 있다. 하나님께서 우리를 구원하실 때 죄 가운데서 구원하셨을 뿐만 아니라 교회라는 구체적인 구원의 공동체의 일원으로 부르셨다는 공동체적 성격을 강조할 필요가 있다. 우리가 하나님의 형상으로 지음받았다는 것을 설명할 때 하나님의 형상으로서 공동체적 특성을 가진 존재임을 이해시킴으로써 서로가 서로를 섬기는 삶을 통해서 구원으로 자라갈 수 있음을 강조해야 한다. 공동체적 삶을 통하여 자라갈 수 있도록 회원들을 소그룹으로 묶어서 제자훈련이나 성경공부를 하거나, 공동체 안에서 서로를 섬기는 훈련을 통하여 신자의 공동체적 삶을 형성하도록 돕는 것이 필요하다.

사회주의, 페티시즘, 세속주의 세계관과 사역전략

몽골 사람들은 사회주의 체제하에서 보이는 물질만이 실재한다고 배웠다. 따라서 보이지 않는 가치에 헌신하며 산다는 것은 이들에게 익숙한 일이 아니다. 하나님과 그분의 나라를 위해 산다는 것 또한 마찬가지이다. 한국인들은 유교와 성리학의 영향에 따라 대의명분이나 충효와 같이 보이지 않는 것에 가치를 두는 일이 어렵지 않지만, 몽골 사람들은 그 사고체계가 다르다. 이들은 물질이나 현실적인 축복과 같은 보이는 것에 가치를 두고 산다. 따라서 사역자는 보이지 않는 하나님 나라에 가치를 둘 수 있도록, 가르칠 때 보이지 않는 것이 보이는 것보다 더욱 가치가 있다는 것을 가르칠 필요가 있다. 아울러 헌신된 사람이라고 함부로 한국이나 미국 등 외국에 데리고 가서 훈련시키는 것에 대해서 주의를 기울여야 한다. 왜냐하면 몽골 사람들은 보이지 않는 가치보다 보이는 현실세계에 더 많은 관심을 두기 때문이다. 사역자는 물질주의가 자유민주주의 시장체제로 바뀐 현대 몽골사회의 새로운 우상이 될 수 있음을 잊어서는 안 된다. 몽골 사람들이 물질주의적 세계관을 버리고 오직 주님만을 따라 살아가도록 가르치고 도전해야 하며, 주님의 피로 값 주고 산 복음의 은혜를 '값싼 복음'으로 전락시키지 않도록 주의할 필요가 있다.

사회주의는 물질세계가 참된 실체라고 믿기에 신을 인정하지 않는다. 그러나 무신론은 인간이 우연에 의해서 만들어졌다는 것을 전제하기 때문에 상대주의와 허무주의에 빠지게 되며, 이것은 결국 현세중심적인 가치체계를 추구함으로써 세속주의와 함께 물질에 대한 우상숭배로 귀결되게 된다.

성경은 맘몬 사상과 같은 세속주의가 하나님을 떠난 인간의 죄와 육체적 탐욕으로 인한 우상숭배라는 것을 분명히 말한다. 그리고 이러한 우상숭배는 반드시 실패와 허무로 끝나게 된다는 것을 강조한다. 세속주의적인 세계관은 하나님을 떠난 타락한 인간에게서 나타나는 보편적인 특성이며 육체의 소욕을 따라 사는 자들의 특징이다. 성경은 육체의 정욕과 안목의 정욕과 이생의 자랑을 추구하는 세속에 속한 사람들의 모습을 상세하게 소개한다. 그 결말은 허무한데 굴복하는 것과 우상숭배라고 말한다.

　사역자는 세속주의가 인간을 노예로 만드는 사단의 수단이 될 수 있음을 명심할 필요가 있다. 따라서 사역자는 세속주의에 빠져있는 사람들에게 복음을 통한 거룩함으로의 회복을 강조해야 한다. 세속화의 대안은 거룩함 즉, 성화이다. 하나님의 온전한 형상이신 예수 그리스도를 닮아가는 삶이 인간이 추구해야 할 삶이다. 사역자는 세속화로 나아가는 세상 가운데 복음의 가치를 타협없이 분명하게, 그렇지만 인격적으로 제시해야 할 필요가 있다. 아울러 개인주의적 성격이 강한 몽골 사회에서 사역자는 예수 그리스도를 영접하고 나서 가지기 쉬운 개인주의적 신앙을 극복하도록 구원의 공동체적 성격을 강조해야 한다.

　물신숭배 사상인 페티시즘적인 세계관과 관련하여 사역자는 환원주의의 위험성을 생각하며 몽골 사람들에게 인간의 다양한 차원들을 균형 있게 이해할 수 있도록 가르쳐야 한다. 초월적인 영역과 종교적 영역을 더 중요시했던 이원론적 세계관의 위험성을 주지시켜서 전인적인 시각을 고려한 다각적인 판단, 그리고 인간의 전인적인 측면을 고려한 가르침과 사역이 이루어지도록 해야 한다. 몽골 사람들은 복음을 받아들일 때 교회 예배나 교회 행사에 참여하거나 봉사하는 일에는 큰 가치를 두지만, 학교에서 공부를 하는 것이나 직장에서 성실하게 책임을 다 하는 것에는 큰 가치를 두지 않는 경향이 있다. 이들은 종교적인 일을 위해 학교 수업을 빼먹거나 직장에 나가지 않는 것을 이상하게 여기지 않는다. 그만큼 몽골 사람들은 영적인 면만을 중시하는 경향이 강하다. 이러한 현상들은 앞으로 몽골 기독교가 몽골 사회 및 일상적인 공동체로부터 분리될 위험 요소가 많다는 것을 보여준다. 그러므로 페티시즘적인 세계관 가운데 있는 몽골 사람들에게는 영과 혼과 육체, 그리고 지식과 감정과 의지로 구분되는 인간의 다양한 차원들을 균형 있게 가르치고 훈련하는 일에 중점을 두어야 한다.

유교적 세계관과 사역전략

몽골 사람들의 세계관 변화를 위한 사역전략에 있어서 한인 사역자가 갖는 장애물이 있는데, 그 대표적인 것은 유교적 세계관에서 나오는 권위주의다. 몽골의 전통 사회와 문화를 보면 이들에게도 한국인들이 가지고 있는 유교적 세계관과 비슷한 요소들이 있음을 알 수 있다. 부부가 서로 구별되어야 한다는 유교적 사상은 몽골에서도 유사하게 나타난다. 몽골 전통 가옥인 게르는 남녀의 거주 장소를 분명히 나눈다. 게르 안으로 들어가서 왼쪽은 남자의 공간, 오른쪽은 여자의 공간이다. 또한 남자가 할 일과 여자가 할 일이 분명히 나뉘어져 있다. 약간의 차이가 있다면 부족사회인 몽골 사람들은 잦은 부족 간의 전쟁으로 남자들은 상시 전쟁에 참여해야 했기 때문에, 경제적인 책임과 권한은 주로 여자가 갖는다는 점이다. 장유유서와 같은 연령에 따른 구별도 존재한다. 잠자는 것, 먹는 것, 마시는 것 등 위치나 순서에 있어서 연장자 순으로 차례를 지켜 행한다.

유교적 세계관과 비슷한 몽골 문화가 한국 문화와 다른 점은 이러한 구별을 신분이나 계층적 차이로 여기지는 않는다는 것이다. 즉, 남자가 여자보다 더 우월하다든지, 연장자가 항상 신분적으로 위에 있기에 연소자를 함부로 대할 수 있다거나 그 권한을 먼저 행사할 수 있다는 인식은 가지지 않는다는 것이다. 몽골의 경우, 남녀 간의 지위는 평등하며 연장자가 연소자를 함부로 대하지도 않는다.

최준식은 유교가 한국인들에게 미친 영향으로 철저한 가부장제, 상하질서의식, 복잡한 경어와 호칭, 여성 배제, 권위주의, 혈통중심의 가족주의 및 집단주의, 정(情)과 체면 문화를 들었다(1998:193-217).

2006년 5월에 열린 "한인몽골선교 15주년 기념 컨퍼런스"에서 한인몽골선교에 대해서 평가를 한 몽골 목사 두게르마(Dugerma)는 한인사역자들에 대한 몇 가지 문제점을 지적했는데, 첫째는 한국교회의 특성과 형식을 그대로 이식하는 것을, 둘째는 자문화우월주의적 태도로 몽골 사람들을 동역자가 아닌 하수인으로 대하는 자세를 꼬집었다. 셋째는 몽골 현지인들을 오랫동안 자기 권위 안에 두려는 지배적인 자세에 대해서 언급했다(몽골한인사역자회, 2006:51-52). 그의 지적은 한인사역자들의 유교적 권위주의와 연관된 것이다.

한인사역자들은 연장자로서, 또 선교사라는 지위에서 오는 권위를 강조하고, 대화와 협의보다는 일방적으로 지시하거나 명령하는 경우가 많으며, 불순종하는 것을 불효나 불충과 같은 큰 죄로 여긴다. 가족의 모든 구성원이 자기만의 권리를 갖는 몽골 사람들에게 이러한 한인 사역자들의 태도는 복음의 가치를 따라 살아가는 데 큰 장애가 된다. 따라서 한인 사역자들은 유교적 권위주의가 성경적 가치가 아님을 알고 이러한 장애를 극복할 수 있어야 한다. 이를 위해서는 한국인들이 갖는 사고체계나 가치관을 이해하고 자신들을 객관적으로 바라볼 필요가 있다.

우리는 몽골 사람들의 세계관과 연관된 샤머니즘, 티베트불교, 유목문화, 그리고 사회주의적 세계관의 특징들을 살펴보았고 이에 관한 사역전략들을 고찰했다. 몽골의 세계관은 다신교적 세계관과 다양한 영들의 존재를 인정하고 있다. 자연은 위대한 존재이며 인간은 위대한 자연 가운데 조화를 이루며 살아가는 의존적 존재이다. 그러면서도 몽골 사람들은 사회주의의 영향으로 물질중심의 가치관과 혼합주의적 가치관을 가지고 있

다. 몽골 사람들의 세계관과 그에 따른 사역전략을 표로 간단하게 정리하
면 아래와 같다.

표 8. 몽골의 세계관과 사역전략

티베트불교
세계관의 변화와
사역전략
	• 복음적 변증을 통한 세계관의 변화를 시도한다.
	• 복음 전도자가 라마승보다도 도덕적으로 더 성결한 삶을 살 필요가
	  있다.
	• 라마승들 가운데 있는 사단의 영향력에서 자유롭게 되도록 중보기
	  도를 할 필요가 있다.
	• 우주적 복음에 근거한 담대한 말씀 선포가 필요하다.
	• 성경적 세계관을 올바로 가르치는 사역이 중요하다.

샤머니즘
세계관의 변화와
사역전략
	• 자연을 지배하는 창조주로서의 하나님을 인식시킨다.
	• 마귀의 권세를 물리치고 질병의 궁극적 치유자가 되시는 예수 그리
	  스도를 강조한다.
	• 샤머니즘의 무당 대신에 신과 인간의 참 중보자이신 예수 그리스도
	  를 강조한다.
	• 성령의 치유 사역을 강조한다.
	• 토착화 과정에서 발생하는 혼합주의를 경계한다.
	• 인격적인 하나님을 강조한다.
	• 진리와 능력 중심의 복음을 강조한다.
	• 주술적 신앙을 경계한다.
	• 복음의 총체적인 면을 강조한다.
	• 전인적 제자훈련의 필요성을 강조한다.

유목문화
세계관의 변화와
사역전략
	• 하나님, 인간, 자연의 올바른 관계를 바르게 이해시키는 것이 필요하
	  다.
	• 개인적 자유와 개인주의적 세계관에 대해서는 성경이 말하는 공동
	  체의 중요성을 강조한다.
	• 관계 네트워크, 친족관계를 통한 선교의 가능성을 개발한다.
	• 자연을 보존하고 다스리고 개발하는 청지기로서의 인간관을 강조한
	  다.
	• 하나님의 피조물로서의 자연이라는 성경적 세계관을 인식시킨다.

사회주의
세계관의 변화와
사역전략
	• 유물론: 보이는 것보다 보이지 않는 것이 더 가치있음에 대한 인식이
	  필요하다.
	• 물질주의적 세계관을 버리도록 가르치고 중보기도 할 필요가 있다.
	• 물질만이 실재한다는 사람들에게 복음이 물질로 보이지 않도록 물
	  량주의적 선교를 경계한다.
	• 세속주의적인 세계관을 가진 사람들에게는 복음의 가치를 타협 없
	  이 분명하게 제시한다.
	• 세상의 가치에 마음이 빼앗기도록 만드는 사단의 계략을 주의한다.
	• 페티시즘적인 세계관을 가진 사람들에게는 환원주의의 위험성을 생
	  각하며 인간의 전인적인 측면들을 균형 있게 가르쳐야 한다.
	• 모든 것을 영적으로 귀결시키려고 하는 이원론적 사고의 위험성을
	  성경적으로 잘 주지시킬 필요가 있다.

	• 구원의 공동체성을 강조하며 공동체 안에서의 신앙 성숙을 강조한다.
유교적 권위주의와 사역전략 (한인 사역자의 선교적 장애물과 관련하여)	• 대화와 협의보다는 일방적으로 지시하거나 명령하는 스타일을 경계한다. • 불순종을 불효나 불충과 같은 큰 죄로 여기는 권위주의적 태도는 선교의 걸림돌이 된다. • 한인 사역자들은 유교적 권위주의가 성경적 가치가 아님을 알고 이러한 장애를 극복할 수 있어야 한다. • 한국인들이 갖는 사고체계나 가치관을 이해하고 자신들을 객관적으로 바라볼 필요가 있다.

　몽골 사람들의 세계관 변화를 위해서 사역자는 성경적 세계관에 입각한 복음의 변증과 아울러 거룩한 삶과 실천, 혼합주의와 기복주의의 사고방식을 극복하고자 하는 자세가 필요하다. 그리고 이를 위해서는 성경적 세계관에 기초한 복음의 강조와 제자로서의 삶과 영성이 필요하다.

9

몽골 대학생들의 세계관과
한인 사역자의 사역전략

몽골 대학생들의 세계관과
한인 사역자의 사역전략

몽골 대학생들의 세계관에 대한 현상학적 분석

몽골 사람들이 가지고 있는 현재의 세계관을 분석하는 일은 단순히 세계관 관련 문서를 비교 분석하는 것으로는 한계가 있다. 연구 대상자들의 세계관적 특성을 파악하려면 경험과학적 방법론에 근거한 연구가 필요하다. 이에 필자는 2015년에 몽골 대학생들을 상대로 실시한 양적조사와 한인사역자들을 대상으로 실시한 질적조사를 바탕으로 한 세계관적 분석을 현상학적 세계관 분석의 한 방법으로 간략하게 소개하고자 한다.

연구의 필요성

미국의 저명한 복음주의 신학자 중의 한 사람인 캐네스 칸저(Kenneth Kantzer)는 "현 세대에 와서 제자도를 중시하지 않는다면, 세속주의와 각종 이데올로기가 강력히 도전하고 있기 때문에 전도를 하지 못하는 것은 두말할 필요도 없고 심지어는 그리스도인으로 생존하는 것조차 힘들게 될 것이다"라고 경고했다(이태웅, 2012:68). 데이빗 J. 헤셀그레이브(David J.

Hesselgrave)는 "그리스도인의 회심과 성장은 그리스도인들이 하나님의 진리와 실체에 대한 계시를 이해하고 포용하게 되는 세계관의 변화를 수반하게 된다"라고 하면서 "세계관의 변화는 제자도에 있어서 본질적인 것"이라고 했다(헤셀그레이브, 1999:17). 폴 히버트(Paul G. Hiebert)도 "진정한 기독교가 여러 세대에 걸쳐 지속되기 위해서는 사람들이 가지고 있는 세계관에 변화가 있어야 한다"라고 하면서 "사람들의 세계관이 제자훈련과 가르침을 통해 변화되지 않으면 교회는 곧 복음을 잃게 되고 말 것"이라고 경고했다(히버트, 1999:32; 2010:132).

선교 2세대를 맞는 몽골사역은 초장기 교회개척과 교회성장 중심의 사역 단계를 넘어서 몽골 사람들의 문화와 세계관을 이해하고 상황화된 복음을 증거함으로써 성경적 세계관을 소유한 그리스도의 제자를 양성하는 방향으로 나아갈 필요가 있다. 몽골 교인들이 복음을 듣고 그리스도의 제자로 자라가려면 기존의 비성경적인 세계관을 버리고 복음에 기초한 성경적 세계관으로 점진적인 변화를 이루어가는 삶이 필요하다. 이를 위해서 한인 사역자들은 몽골 사람들이 가지고 있는 세계관을 파악하고 그리스도의 제자가 되는 데 있어서 몽골 사람들의 세계관적 특성과 복음의 접촉점이 무엇인지를 이해할 필요가 있다. 세계관을 변화시키기 위하여 무엇보다도 세계관을 연구하는 일이 중요하다. 해당 문화권의 사람들에게 복음을 효과적으로 전하려면 무엇보다 그들의 문화와 세계관을 이해해야 하기 때문이다. 필자는 이와 같은 필요성 때문에 본 연구를 실시했다.

연구 목적

본 연구 목적은 몽골 대학생들의 세계관을 분석하여 그들에게 영향을 미치는 세계관적 요소는 무엇이며, 몽골 대학생들의 세계관적 특성은 무엇인지를 고찰함으로써 몽골 대학생들의 세계관 변화를 위한 한인 사역자의 사역전략을 개발하는 것이다.

연구자는 이 연구 목적을 수행하기 위하여 첫째, 몽골 대학생들에게 영향을 미치는 세계관적 요소들을 조사하고자 한다. 둘째, 몽골 대학생들의 세계관을 고등종교와 민간종교 차원에서 분석하여 몽골 대학생들의 세계관적 특성은 무엇인지를 고찰하고자 한다. 셋째, 몽골 대학생들의 세계관 변화를 위한 한인 사역자의 사역전략은 무엇인지를 고찰하고자 한다.

이 연구는 몽골 사람들의 세계관이 무엇인지를 이해하는 데 도움을 줄 뿐만 아니라 몽골 사람들에게 상황화된 사역전략과 미래의 사역 방향을 제시하는 데 도움을 줄 것이다. 또한 몽골에서 사역하는 한인 사역자들에게 효과적 사역을 위한 사역의 목표와 철학과 방향을 세우는 데 도움이 될 것이다.

연구 질문

몽골 대학생들의 세계관 분석을 통한 그들의 세계관적 요소들과 특성들을 파악하고 이를 바탕으로 몽골 대학생의 세계관 변화를 위한 한인 사역자의 선교전략이 무엇인지를 파악하기 위하여 연구자는 다음과 같은 질문들에 답하고자 한다.

1) 몽골 대학생들에게 영향을 미치는 세계관적 요소들은 무엇인가?
2) 몽골 대학생들의 세계관적 특성들은 무엇인가?
3) 몽골 대학생들의 세계관 변화를 위한 한인 사역자의 선교전략은 무엇인가?

연구의 중요성

본 연구는 몇 가지 중요성을 갖는다. 첫째, 몽골 사람들의 세계관을 고찰하고 이해하는 것이 한인 사역자의 중요한 주제라는 것을 인식시킨다는 측면에서 중요하다. 복음은 초문화적이어서 모든 문화권의 사람들에게 동일하게 적용되어야 하지만, 그 내용을 전달하는 사람은 해당 문화의 옷을 입고 전달할 수밖에 없기에 복음을 수용하는 사람의 문화와 세계관에 상황화된 복음을 전달해야 할 필요가 있다. 따라서 세계관과 문화에 대한 이해는 사역에 있어서 매우 중요한 연구 주제이다. 그러나 지금까지 몽골의 세계관은 어떠하며, 몽골 사람들이 성경적 세계관을 갖도록 하기 위하여 어떤 사역전략을 펼쳐야 하는지, 또 몽골의 종교나 문화가 몽골 사람들의 세계관에 어떤 영향을 미쳤는지에 대한 연구는 거의 이루어지지 않았다. 그동안 몽골문화를 고려한 전도 및 제자훈련에 대한 논의는 가끔 있었지만 몽골 세계관에 대한 이해와 분석을 통한 효과적 사역에 대한 논의는 미진했다. 본 연구는 '몽골 세계관의 분석과 이해'라는 새로운 사역 방법을 제시한다는 점에서 일차적인 의미가 있다.

둘째, 타문화권 사역의 새로운 패러다임을 제시하고 있다는 점에서 중요성이 있다. 몽골교회가 건강하게 세워지려면 그리스도의 제자를 양성하고 훈련해야 한다. 이를 위해서는 몽골 사람들의 문화와 세계관을 이해하고 이에 적절한 상황화된 복음을 증거하고 이를 통하여 몽골 사람들이 성경적 세계관을 가진 그리스도의 제자로 살아가도록 이들을 훈련해야 한다.

선교의 본질은 그리스도의 성숙한 제자를 키워 선교적 교회를 세워가도록 돕는 것이다. 한 사람이 회심하여 그리스도의 제자로 자라간다는 것은 그 사람이 가지고 있던 기존의 행동양식이나 가치체계의 변화뿐만 아니라 세계관의 변화도 포함한다. 히버트(Paul G. Hiebert)와 찰스 크래프트

(Charles H. Kraft)는 타문화권에서 사역하는 사역자가 현지인들의 세계관을 이해하고 그들에게 상황화된 복음을 전하여 그들이 복음에 온전히 반응하도록 할 뿐만 아니라 그들의 생각과 삶이 성경적 세계관으로 변화되도록 가르치고 훈련해야 할 것을 지적한다. 한국의 선교학자 이태웅도 "성숙한 선교는 세계관의 변화를 목표로 해야 한다"라는 것을 강조하면서 사역자들이 현지인들의 세계관을 이해하고 그들이 성경적 세계관으로 변화를 받도록 중개자 역할(change agent)을 해야 할 것을 강조한 바 있다(1999:5). 필자는 젊은이들을 대상으로 사역하면서 몽골 대학생들이 성경적 세계관으로의 변화를 받지 않으면 예수 그리스도의 제자로 자라가는 데 한계가 있음과 아울러 다른 사람들을 전도하거나 제자로 삼는 데 있어서도 한계가 있을 수밖에 없음을 경험했다. 그동안 히버트나 크래프트와 같은 선교학자들이 세계관의 개념과 세계관 이해의 필요성, 그리고 세계관 분석과 관련된 여러 이론을 제시했지만, 인도 힌두교권이나 아프리카 문화권을 배경으로 한 이론이기에 몽골 유목문화권에도 똑같이 적용할 수 있는지에 대해서는 아직까지 확인할 수 없는 상황이다. 몽골 유목문화권의 젊은이들이 가지고 있는 세계관을 분석하는 작업은 지금까지 한인 사역자들 가운데서 시도되지 않았던 일이다. 따라서 몽골 사람들의 세계관을 고찰하고 나아가 이를 바탕으로 선교사역의 방향을 제시하는 것은 몽골사역의 새로운 패러다임을 제시한다는 면에서 중요한 가치를 갖는다.

셋째, 몽골 사람들의 세계관을 연구하는 것은 상황화된 선교전략을 개발하는 데 기여할 것이다. 몽골은 지리적으로는 동양에 속하지만, 문화적인 측면에서는 오랫동안 러시아의 영향을 받아왔고 또 유목문화의 영향이 강하기에 중국이나 일본 및 한국과 같은 농경중심의 정착문화와는 세계관적 사고에 있어서 차이가 있으리라 생각된다. 리처드 니스벳(Richard E. Nisbett)은 생태환경과 경제 및 사회구조의 차이가 세계관의 차이를 가져온다고 말한다. 몽골 사람들의 세계관에 영향을 미치는 종교적, 문화적, 생태적 요인들을 고려하여 몽골 사람들의 세계관은 무엇이며, 어떠한 요소들이 이들의 세계관에 영향을 미치고 있는지를 객관적으로 조사하는 것은 먼저는 몽골 사람들을 이해하는 데 좋은 자료가 될 것이며, 복음을 상황화하여 증거하고 몽골 대학생들을 그리스도의 제자로 삼는 데 유익한 정보를 제공할 것이다. 몽골 대학생들이 복음을 받아들일 때 이들이 버려야 할 것과 새롭게 받아들여야 할 세계관적 요소들은 무엇인지, 그들이 그리스도의 제자로 자라갈 때 반드시 겪게 될 세계관적 갈등들은 무엇인지를 이해하는 데도 유익한 정보를 제시해줄 것이다. 이러한 연구 결과는 몽골 사람들의 세계관 분석을 통한 효과적 사역전략을 개발하는 데 도움이 될 것이다.

마지막으로 몽골 사람들의 세계관 연구는 사역자(특히 한인 사역자)들의 세계관 이해에 대한 반성과 성찰을 가져다 줄 것이다. 몽골교회 개척과 대학 교육, 그리고 사회 구제와 개발 등 선교사역에 큰 영향을 미친 한인 사역은 그 장점과 아울러 한국적 문화와 세계관을 그대로 이식하는 문제점도 지적되어 왔다. 몽골 사람들의 세계관 연구는 한인 사역자들의 세계관을 다시 한번 검토하도록 함으로써 우리 자신의 세계관 또한 크게 변화될 필요가 있음을 깨닫게 해 줄 것이다. 타문화권 사역현장에서 현지인들을 세계관의 차원에서 회심시키고 제자로 양육할 때 새로운 회심자들의 세계관뿐만 아니라 사역자 자신들의 세계관도 검토해 봐야 한다. 우리가 세계를 보는 방식과 우리가 배워왔던 현실을 보는 방식을 복음으로 정밀 진단을 받아야 한다(히버트, 2010:612). 몽골 사람들의 문화와 세계관, 그리고 한인 사역자들의 문화와 세계관 모두가 성경적 세계관과의 비교 검증을 통해 교정되어야 한다. 이런 면에서 몽골 사람들에 대한 세계관 연구는 한인 사역자들의 몽골사역에 있어서의 문제점을 교정해주고 올바른 몽골사역의 방향을 제시해 줄 것이다.

연구 대상

본 연구의 대상은 몽골에 소재한 국제울란바타르대학교(International University of Ulaanbaatar, 이하 IUU)의 몽골 대학생들이다. 연구자는 약 3,000 명의 IUU 대학생들을 대상으로 2015 년 봄과 가을, 두 번에 걸쳐서 설문지 조사를 실시했으며, 이 설문지 조사에 참여한 학생들은 모두 470 명이다. 몽골 대학생들은 대체적으로 18 세(1997 년생)부터 25 세(1990 년생)에 속한 젊은이들로서 1990 년에 이루어진 민주주의로의 체제 변화 이후에 태어나서 몽골의 시장경제가 안정화된 2000 년대에 사춘기를 보낸 세대이다.

필자는 또 외부자적 관점에서 바라본 몽골 세계관 샘플링으로는 몽골에 온 지 3 년 이상된 목회경험이나 교육경험이 있는 한인 사역자 31 명을 대상으로 했으며, 몽골 대학생들의 세계관 변화를 위한 한인 사역자의 사역전략에 대한 샘플링으로는 3 명의 포커스그룹(focus group)과 11 명의 심층인터뷰 대상자를 선정하여 실시했다.

연구자는 몽골 사람들의 세계관을 이해하는 데 있어서 일차적으로 몽골 대학생들의 세계관으로 한정하여 연구조사를 실시했으며, IUU 대학생들을 표본 대상으로 삼아 세계관을 분석했다. 몽골 인구는 2015 년을 기준으로 약 300 만 명이며 몽골 대학생 인구는 2014 년을 기준으로 몽골 인구의 약 5.8%에 가까운 약 10 만 7 천 명 정도이다. 그리고 샘플링 대상인 IUU 학생들은 몽골 인구의 0.1%에 가까운 3,000 명 정도이다.

연구의 한계

연구자는 IUU 학생들 중에서 500 명에 가까운 학생들을 대상으로 연구 조사를 실시했다. IUU 대학만을 선정하여 몽골 대학생들의 세계관을 분석했기 때문에, 이것을 전체 몽골 사람들의 세계관으로 일반화하는 데 한계가 있을 수 있다. 몽골 대학생들은 대부분 1990 년대에 태어났으며 몽골의 민주화와 경제가 발전 단계에 있던 2000 년대 중반에 사춘기를 맞이한 세대이다. 따라서 이들이 가지고 있는 세계관은 사회주의 시절에 태어나 청소년기나 청년기를 사회주의 체제하에서 보내다가 자본주의 시장체제로의 변화와 이에 따른 혼란을 겪어야 했던 이들 부모 세대의 세계관으로 일반화시키는 데는 한계가 있을 수 있다. 연구자는 또한 세계관 이해를 위하여 고등종교와 민간종교 차원에서의 세계관적 특성을 고찰하고자 했고, 몽골 대학생들의 가치관은 신수진, 최준식이 개발한『이중가치체계의 수직구조와 수평구조』(2004)를 몽골 상황에 맞게 적용했다. 이 문항들은 여러 문헌에 인용된 학문적 가치가 있는 질문들이지만, 한국 사람들을 대상으로 하여 만든 질문들이기에 몽골 대학생들의 세계관을 파악하는 데 한계가 있을 수 있다.

연구절차 개관

먼저 필자는 연구주제에 따른 문헌자료를 수집하고 분석했다. 세계관의 개념과 연구사, 세계관 분류 또는 분석과 관련한 문헌자료를 고등종교와 민간종교 차원으로 나누어 살펴보았고, 그다음으로 복음과 세계관의 변화에 대한 문헌자료들을 고찰했다. 몽골의 종교와 세계관에 대한 문헌자료들은 샤머니즘, 라마불교, 유목문화, 그리고 사회주의로 나누어 고찰했으며, 마지막으로 몽골 선교전략에 관련된 문헌들을 분석했다.

둘째, 몽골 대학생들을 대상으로 그들에게 영향을 미치는 세계관적 요소와 그들의 세계관적 특성을 파악하기 위하여 설문지 조사를 실시했다. 몽골 대학생들로부터 고등종교 차원에서의 철학적 질문을 통한 세계관 분류와 민간종교 차원에서의 세계관적 특성에 관한 설문지를 받아서 자료를 수집하여 분석했다.

셋째, 한인 사역자들을 대상으로 몽골 사람들의 세계관에 대한 양적 조사와 세계관 변화를 위한 사역전략을 고찰하기 위한 질적조사를 실시했다. 양적조사는 몽골 대학생들에게 배부했던 2차 설문지 내용과 비슷한 설문지를 통하여 자료를 수집했으며, 질적조사는 3명의 사역자와는 포커스그룹 인터뷰를, 11명의 사역자들과는 심층인터뷰를 통해 자료를 수집했다.

넷째, 설문지를 통하여 수집한 자료들을 SPSS 통계프로그램으로 분석했고, 인터뷰를 통해 얻은 자료들은 내용 분석을 실시하고 문헌자료와 함께 비교 분석했다.

다섯째, 몽골 대학생들의 세계관 분석과 문헌고찰을 통한 비교 분석을 통해 얻은 자료를 바탕으로 몽골 사람들의 세계관적 특성은 무엇이며, 몽골 사람들의 세계관 변화를 위하여 한인 사역자들이 어떠한 사역전략을 가져야 하는지를 고찰했다.

마지막 결론에서 연구 결과들을 요약하고, 몽골 사람들을 성경적 세계관을 소유한 그리스도의 제자로 변화하도록 하기 위해서 한인 사역자들이 어떠한 사역전략을 세워야 할지를 몇 가지로 제시했다. 이를 다이어그램으로 보면 다음 그림과 같다.

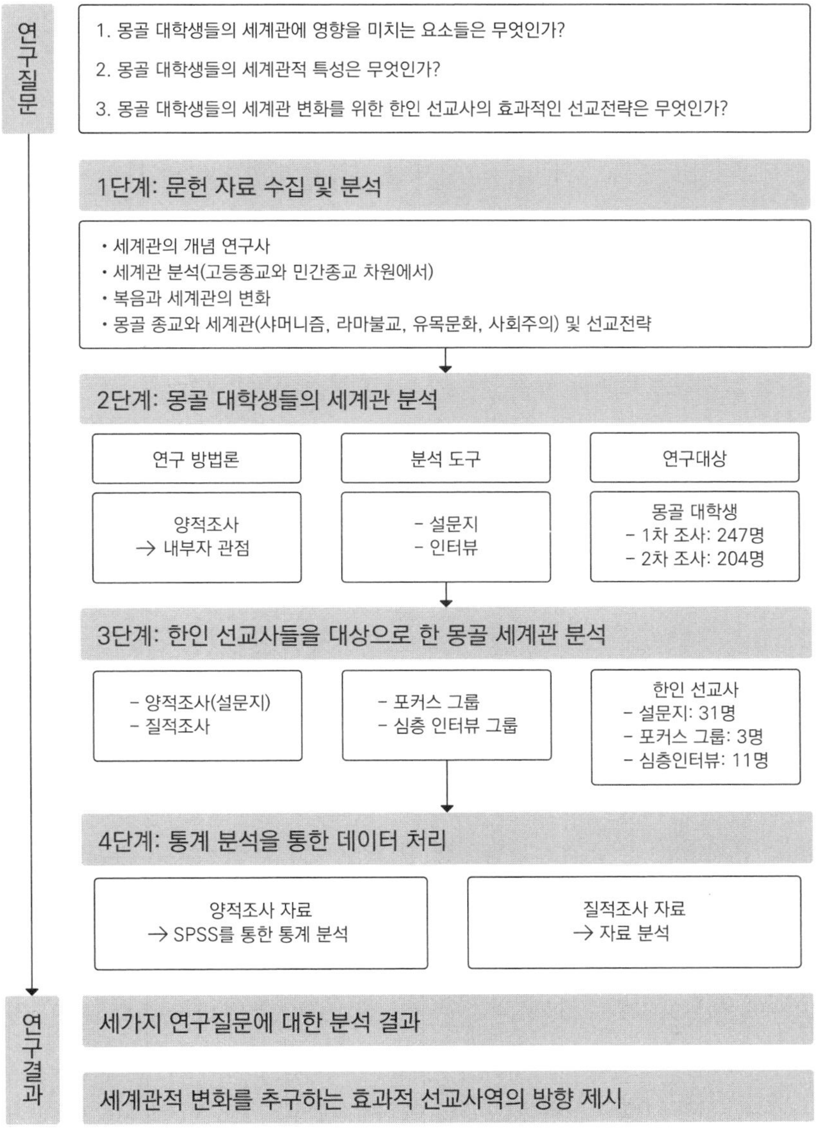

연구질문

1. 몽골 대학생들의 세계관에 영향을 미치는 요소들은 무엇인가?

2. 몽골 대학생들의 세계관적 특성은 무엇인가?

3. 몽골 대학생들의 세계관 변화를 위한 한인 선교사의 효과적인 선교전략은 무엇인가?

1단계: 문헌 자료 수집 및 분석

· 세계관의 개념 연구사
· 세계관 분석(고등종교와 민간종교 차원에서)
· 복음과 세계관의 변화
· 몽골 종교와 세계관(샤머니즘, 라마불교, 유목문화, 사회주의) 및 선교전략

2단계: 몽골 대학생들의 세계관 분석

연구 방법론	분석 도구	연구대상
양적조사 → 내부자 관점	- 설문지 - 인터뷰	몽골 대학생 - 1차 조사: 247명 - 2차 조사: 204명

3단계: 한인 선교사들을 대상으로 한 몽골 세계관 분석

- 양적조사(설문지) - 질적조사	- 포커스 그룹 - 심층 인터뷰 그룹	한인 선교사 - 설문지: 31명 - 포커스 그룹: 3명 - 심층인터뷰: 11명

4단계: 통계 분석을 통한 데이터 처리

양적조사 자료 → SPSS를 통한 통계 분석	질적조사 자료 → 자료 분석

연구결과

세가지 연구질문에 대한 분석 결과

세계관적 변화를 추구하는 효과적 선교사역의 방향 제시

그림 4. 연구절차 다이어그램

자료 분석

설문지 조사는 일괄적으로 SPSS 통계 프로그램(18.0 version)을 통하여 분석했다. 고등종교 차원에서의 세계관 분류를 위한 자료의 경우 세상, 하나님, 인간, 고통과 그 해결책, 죽음 이후의 세계, 가치관 등 여섯 가지로 나누어 분석했으며 이것을 종교별로 나누어 분석했다. 민간종교 차원에서의 세계관 분석은 집단주의와 개인주의, 보편주의와 특수주의, 권위주의와 평등주의, 인본주의와 물질주의적 가치관적 요소들과 유교 및 샤머니즘적 세계관 요소 등 열 가지 주제로 나누어 대상자들의 세계관적 특성을 파악하고자 했다. 질적조사의 경우, 인터뷰할 때 녹취한 내용들은 노트에 기록하고 그 내용을 바탕으로 주제별로 자료를 분류하여 내용을 분석하고자 했다.

세계관에 영향을 미치는 요소들

몽골 대학생들에게 가장 큰 영향을 미치는 세계관적 요소는 가족과 친구로 조사되었다. 삶의 가치를 어디에 두고 있는지를 묻는 질문에 응답자의 70%에 해당하는 학생들이 가족과 친구라고 답했으며, 대학생들의 세계관에 가장 큰 영향을 미치는 요소에 대한 조사에서도 가족과 친구가 30%이상을 차지했다. 전체 451 명 가운데 33.9%에 해당하는 153 명이 가족과 친구라고 답했다.

둘째, 몽골 대학생들의 세계관에 영향을 미치는 요소는 신앙(종교)이다. 삶의 가치에 가장 큰 영향을 미치는 요소로 9%에 해당하는 34 명이 신앙이라고 응답했으며, 세계관에 영향을 미치는 요소로 전체 응답자의 25%

에 해당하는 113 명이 신앙과 종교라고 응답했다. 가족과 친구 다음으로 종교가 세계관에 영향을 미치고 있음을 알 수 있다.

셋째, 몽골 대학생들의 세계관에 영향을 미치는 요소는 사회이다. 전체의 17.7%에 해당하는 80 명이 사회가 세계관에 가장 큰 영향을 미친다고 응답했다. 관습과 문화를 사회 속에 포함한다면 31.3%에 해당하는 학생들이 사회라고 응답했다. 몽골사회와 문화가 세계관에 큰 영향을 미치는 요소임을 알 수 있다. 그러므로 몽골사회와 문화에 대한 이해가 몽골 대학생들의 세계관을 이해하는 데 매우 중요한 요소임을 알 수 있다. 특히 부족 중심의 몽골사회와 이동을 주된 특성으로 하는 유목사회로서의 몽골을 이해하는 것이 몽골 대학생들의 세계관을 이해하는 데 매우 중요함을 알 수 있다.

넷째, 몽골의 관습과 문화가 몽골 대학생들의 세계관에 영향을 미치는 주된 요소로 나타났다. 몽골 전통과 관습, 그리고 유목문화가 세계관에 영향을 미친다고 응답한 학생들은 전체 451 명 중에서 13.7%에 해당하는 62 명이었다. 몽골의 전통과 관습은 구전을 통하여 전수되는 문화적 요소로 세계관 형성에 영향을 미쳐 왔으며 유목 환경과 밀접한 연관이 있다.

고등종교 차원에서 본 몽골 대학생들의 세계관적 특성들

세상에 대한 세계관적 특성

몽골 대학생들의 60.4%에 해당하는 학생들은 세상은 창조주 하나님에 의해서 창조되었으며, 세상은 우연히 생긴 것이 아니라 목적이 있다고 응답했다. 그리고 64%의 학생들이 세상은 윤회한다고 응답했다. 기독교를 선택한 대학생들도 40%는 세상이 윤회한다는 세계관을 가지고 있었는데, 이것은 불교적 세계관의 영향을 받고 있음을 나타내준다. 몽골 대학생들은 세상이 우연히 생겼다는 실존주의적 세계관에 대해서 21%가 긍정적으로, 58%의 학생들이 부정적으로 응답해 몽골 대학생들이 실존주의적 사고를 많이 갖고 있지는 않은 것으로 나타났으며, 오히려 세상은 신과 인간이 함께 거주하는 범신론적인 세계관에 대해서 1/3에 해당하는 학생이 그렇다고 응답해 범신론적인 영향을 더 받고 있는 것으로 나타났다. 따라서 복음을 전할 때 불교적 세계관과 범신론적 세계관의 영향을 생각하면서 이를 극복할 수 있는 전도 전략이 필요하다고 할 수 있다.

하나님(신)에 대한 세계관적 특성

설문에 응답한 몽골 대학생들의 거의 절반에 해당하는 학생이 하나님의 유일성과 인격성에 대해서 그렇다고 긍정했다. 한편 몽골 대학생들의 절반은 여러 신들이 존재한다는 다신교적 세계관을 가지고 있다. 기독교 대학생들은 22.8%만이 이에 대해 긍정했지만, 불교를 믿는 대학생들은 57%, 샤머니즘을 믿는 대학생들은 64%가 다신교적 세계관을 긍정했다. 따라서 복음을 전할 때 유일한 하나님에 대한 세계관적 이해의 필요성과 다신교적 세계관을 극복하는 세계관적 측면에서의 복음 제시 전략이 필요하다.

인간에 대한 세계관적 특성

인간에 대한 몽골 대학생들의 세계관적 특성은 인간은 자연에 순응하며 살아야 한다는 유목문화가 갖는 세계관적 특성을 가지고 있다는 것이다. 몽골 대학생들은 인간이 자연에 순응하며 살아야 한다는 질문에 80.9%가 긍정했다. 또 인간은 하나님의 형상을 가지고 있다는 기독교적 세계관적 특성에도 62%의 학생들이 긍정했다. 아울러 인간이 진화의 결과로 이루어졌다는 물질주의적, 진화론적 질문에도 65%의 학생들이 긍정했다.

반면 산 자와 죽은 자가 서로 교제할 수 있다는 질문에 대해서는 52.1%가 긍정하였으며, 인간은 깨달음을 통하여 신이 될 수 있다는 질문에는 30%가 긍정했다. 따라서 인간이 하나님의 형상으로 지음을 받았으며 인간은 하나님의 청지기로서 자연을 다스리고 자연을 가꾸어야 한다는 기독교적 세계관을 강조할 필요가 있다. 그리고 자연을 파괴하거나 함부로 개발하는 것이 아니라 자연을 보존하고 아름답게 가꾸어야 한다는 환경보호와 생태학적 입장을 조화시킬 필요가 있다. 한편 산 자와 죽은 자가 교제할 수 있다는 샤머니즘적 세계관에 대해서는 기독교 세계관적인 대응이 필요한 것으로 조사되었다.

고통과 그 해결책에 대한 세계관적 특성

고통에 대한 대학생들의 세계관적 특성을 살펴보면 몽골 대학생들의 72%가 고통이 인간의 욕심과 탐욕에의 집착에서 생긴다는 불교적 세계관을 긍정하고 있음을 알 수 있다. 특히 고통이 인간의 탐욕이라는 죄에서 비롯되었다는 표현에 대해서 불교 대학생들은 63%가, 기독교 대학생들의 80%가 긍정적으로 응답했다. 고통이 죄로 인한 것이라는 샤머니즘과 기독교적 세계관적 표현도 전체의 54%가 긍정하는 것으로 나타났다. 이 질문에 대해서 불교 대학생들의 52%, 샤머니즘을 믿는 대학생들의 45%가 긍정적으로 응답한 반면, 기독교 대학생들의 경우에는 87%가 그렇다고 응답했다. 죄에 대해서 기독교 대학생들이 자신들의 세계관적 이해를 분명히 하고 있음을 알 수 있다. 반면 인간이 자연과 조화를 이루지 않아서 고통이 생기는 것이라는 질문에 대해서는 전체의 43%가 긍정했는데, 종교가 없는 학생들의 절반이 이에 대해 긍정한 것을 보면 몽골 대학생들에게 자연에 순응해야 한다는 사고가 강함을 알 수 있다.

고통에 대한 해결책을 보면 73%의 대학생들이 고통에서 벗어나려면 자비를 실천해야 한다는 불교적 세계관을 가지고 있음을 알 수 있다. 그렇지만 자신의 죄와 과오를 회개해야 고통에서 벗어날 수 있다는 기독교적 세계관의 내용에 대해서도 60%의 학생들이 긍정하고 있음을 알 수 있다. 반면 굿을 해야 한다는 샤머니즘적 세계관에 대해서는 45%가 넘는 학생들이 아니라고 대답함으로써 다소 부정적임을 알 수 있다. 자연에 순응하며 살아가는 삶이 고통에 대한 해결책이라는 것에 대해서는 52%의 대학생들이 긍정적으로 대답했다. 자연주의적 유목 세계관의 영향이 강함을 알 수 있다.

죽음 그 이후에 대한 세계관적 특성

인간이 죽은 이후에 어떻게 되는지에 관한 질문에 대해서는 55%의 학생들이 신의 심판을 받는다고 했는데, 이슬람교 대학생의 86%, 기독교 대학생의 93%가 그렇다고 응답했다. 그리고 불교와 샤머니즘 대학생들의 40-55%의 학생들이 이에 대해 긍정했다. 이것은 인과응보에 대한 사상과 신의 진노의 개념이 불교와 샤머니즘 대학생에게 영향을 미치고 있음을 보여준다. 몽골 대학생들의 54%는 죽음 이후에 동물이나 사람이 된다고 응답했다. 기독교 대학생들은 29%가 이에 대해 긍정적이었던 반면 불교와 샤머니즘 대학생들은 70%가 이에 대해서 긍정했다. 죽음 이후의 세계에 대한 불교와 샤머니즘 대학생의 사고가 비슷함을 알 수 있다. 또 52%의 대학생들은 인간이 죽은 이후에는 육체가 썩어 자연으로 회귀한다는 물질주의적, 자연주의적 세계관을 표명했다. 불교 대학생들의 64%가 이에 대해서 긍정한 반면 기독교 대학생들은 25%만이 그렇다고 응답했다. 사후 세계에 대해서 불교를 믿는 대학생들이 자연주의적 세계관을 가지고 있음을 알 수 있다. 반면 인간이 죽은 후에 귀신이나 조상의 영이 된다는 샤머니즘적 세계관에 대해서 30%의 대학생들이 긍정을, 51%에 해당하는 학생들은 부정적으로 응답했다.

진리의 절대성에 대한 세계관적 특성

진리가 절대적인가 상대적인가에 대한 질문에 대한 몽골 대학생들의 세계관을 살펴보면 진리가 절대적이라는 응답을 보인 학생들은 19%, 상대적이라고 응답한 학생들은 그 보다 거의 3 배가 많은 56%였다. 종교별 분포를 보면 무종교 대학생들이 진리가 상대적이라고 응답한 비율이 65%로 가장 높았으며, 불교 대학생들이 64%, 샤머니즘 대학생들이 55%로 그 뒤를 이었다. 또 옳고 그름이 각 개인의 믿음에 따라 결정되는가에 관한 질문에 대해서 전체의 64%가 그렇다고 응답했고, 그렇지 않다고 응답한 사람은 11%였다. 불교의 경우 55%, 샤머니즘은 73%, 기독교는 68%, 그리고 종교가 없는 대학생들은 62%가 옳고 그름이 개인의 믿음에 따라 결정된다고 응답했다. 절대적 진리는 없기에 개인의 믿음에 따라 진리를 정할 수 있다는 질문에 대해서는 84.3%가 그렇다고 응답했으며 15.7%가 그렇지 않다고 했다. 이를 볼 때 몽골 대학생들의 경우 옳고 그름의 판단 기준이 객관적 권위에 근거하기보다는 개인의 믿음과 신념에 근거하고 있음을 알 수 있다.

윤리의 절대성에 대한 세계관적 특성

절대적 윤리가 존재하는지 아니면, 윤리적 기준이 개인마다 다르며 상대적인지를 묻는 질문에 대해서 전체 대학생들의 57%에 해당하는 142 명이 상대적이라고 응답했으며 11%만이 절대적이라고 응답했다. 종교별로는 불교의 60%, 샤머니즘의 52%, 기독교의 51%, 이슬람교의 57%, 그리고 무종교의 62%가 상대적이라고 응답했다. 종교의 유무나 종류를 떠나서 윤리의 상대성에 관한 입장에는 큰 차이가 없었다. 이는 종교적 세계관이 개인 윤리의 기준에 큰 영향을 미치고 있지 않음을 보여준다.

민간종교 차원에서 본 몽골 대학생들의 세계관적 특성들

개인주의와 집단주의에 대한 세계관적 특성

개인주의에 대한 몽골 대학생들의 세계관적 특성을 보면 개인의 권리와 사고, 그리고 개인의 판단을 무엇보다 중요시한다는 것을 알 수 있다. 결혼에 있어서 사랑을 가장 중시한다는 것, 남이 뭐라고 해도 내 스타일대로 한다는 것, 또 아이들에 대해서도 그들이 원하는 대로 하게 한다는 질문에 대해서 90% 이상이 긍정적으로 대답했다. 부모와의 관계보다 부부관계가 더 중요하다든지, 부부간에도 소유는 분명히 해야 한다든지 등의 질문에도 80% 이상이 긍정적으로 대답했는데 이것은 개인의 권리가 사회나 공동체의 권리보다 우선한다는 개인주의적 가치관을 가지고 있음을 보여준다.

몽골 대학생들의 세계관적 특성은 개인주의적 세계관을 가지고 있으면서도 아울러 집단주의적 세계관을 가지고 있다는 것이다. 집단주의에 대한 설문 조사를 보면 '우리'라는 용어를 자주 사용한다든지, 함께 일하면 더 잘된다든지, 아이들에게 해야 할 의무를 먼저 가르친다는 질문에 90%가 넘는 학생들이 긍정적으로 응답했다. 그러면서도 가족들이 허락하지 않으면 하지 않겠다는 질문에는 51.9%가 그렇지 않다고 대답했다. 몽골 대학생들 안에 개인주의적 세계관과 집단주의적 세계관이 공존하고 있음을 알 수 있다.

연고주의와 원칙주의에 대한 세계관적 특성

몽골 대학생들에게는 연고주의와 원칙주의적인 세계관이 공존하고 있다. 아는 사람을 만나면 일이 더 잘 해결된다는 질문이나, 의사결정에 있어서 외부의 영향이나 친분 관계가 본인의 의사결정에 큰 영향을 준다는 질문에 대해서 80% 이상이 긍정적으로 응답했는데 이는 연고주의적인 세계관을 나타낸다. 반면 의사 결정을 할 때 대인관계보다 원칙을 중시한다는 질문이나, 금전거래 시 가까운 사람과도 문서를 남긴다는 질문, 또 남의 일이라도 잘못된 일을 바로잡는다는 질문에 대해서 65% 이상이 그렇다고 응답했는데 이는 원칙주의적인 세계관을 나타낸다. 몽골 대학생들은 관계를 중시하고 관계를 통하여 문제를 해결하지만 아울러 원칙을 중시하고 있음을 보게 된다. 따라서 몽골 대학생들은 동양문화적인 사고를 하면서도 서양적 사고를 공유하고 있음을 알 수 있다.

권위주의와 평등주의에 대한 세계관적 특성

권위주의와 평등주의에 대한 몽골 대학생들의 세계관적 특성을 보면 이 질문 역시 권위주의와 평등주의적 세계관이 혼재되어 있는 것을 알 수 있다. 조직 내에서 나의 지위를 보여주는 직함이나 명함이 중요하다든지, 안정된 삶을 보장해주는 직종이 좋다든지 하는 질문에는 90% 이상의 대학생들이 긍정했는데, 이것은 권위주의적 세계관을 나타낸다. 반면 직장 내의 승진은 아는 사람이나 배경보다 능력이 가장 중요하다든지, 사적인 관계에서는 직함보다 이름이 중요한지에 관한 질문에는 90% 이상이 긍정했다. 그리고 인간은 서로 평등하므로 어떤 특정한 사람만 특권을 누려서는 안 된다는 질문에는 80% 이상이 긍정했다. 이것은 평등주의적 세계관을 나타낸다. 즉 몽골 대학생들은 권위주의적 사고에 대해서 긍정하면서도 평등주의적 사고체계를 가지고 있음을 알 수 있다.

자연주의에 대한 세계관적 특성

자연에 대한 몽골 대학생들의 세계관적 특성은 자연 질서 그대로를 유지, 보호하고 인간은 자연의 원리에 순응해야 한다는 사고가 강하다는 것이다. 자연 그대로를 유지, 보호해야 한다는 질문에 85% 이상이 긍정했으며, 인간은 자연에 순응해야 한다는 질문에도 95% 이상이 그렇다고 응답했다. 자연을 보호해야 한다는 사상에는 유목문화와 샤머니즘, 그리고 불교적 세계관이 강하게 작용하는 반면, 자연을 이용해야 한다는 사상에는 기독교적, 세속적 세계관이 강하다고 할 수 있다. 응답자의 76.1%가 자연을 보호하는 것이 이용하는 것보다 더 중요하다고 대답했다. 이는 몽골 대학생들이 대부분 자연주의적 유목 세계관을 가지고 있음을 보여준다.

유교와 샤머니즘에 대한 세계관적 특성

유교에 대한 몽골 대학생들의 세계관적 분석을 보면 해당 12개의 해당 항목에 평균적으로 90% 이상이 긍정적으로 응답했다. 장유유서의 질서가 필요하다는 질문, 힘과 권력보다 인품으로 변화시키는 것이 중요하다는 질문, 외출 시 옷을 잘 갖추어 입는다는 질문에 대해서 95% 이상이 그렇다고 긍정했다. 몽골이 유교 문화권에 속하는 나라가 아님에도 불구하고 유교적 문화의 특성들이 강하게 나타나는 것은 흥미로운 부분이다. 이것은 유목사회에서 볼 수 있는 세계관적 특성이 유교적 문화의 특징으로 표현되어 나타났다고 해석할 수 있다. 몽골은 부족중심의 유목사회로서 유교적 가치관과 비슷한 오랜 전통의 문화와 관습, 그리고 예법을 가지고 있다. 이러한 유목사회에서 볼 수 있는 전통적 사고, 가치체계는 유교문화가 갖는 문화적 특성과 흡사한 부분이 많다. 몽골 전통 가옥에 들어가면 남자와 여자의 공간이 구별되어 있다든지, 연장자나 지위에 따라 자리에 앉는다든지, 식사를 대접할 때도 나이에 따라 차례대로 배분하는 등 유교적 가치관과 비슷한 관습과 예법이 있다. 이러한 유목문화의 가치체계가 유교적 가치관의 특성으로 표현되었다고 할 수 있다. 그러나 몽골사회는 개인주의적 사고가 강하며 남녀 사이의 역할이 구분되어 있으나 남녀를 차별하지 않는 사회이다. 또 나이 많은 사람들을 존중하지만 연령에 의해서 사회를 계층화하지 않는다. 누구나 평등한 권리를 가지고 있음을 지지하는 사회이다. 유교 문화의 특징적 요소가 많이 있음에도 불구하고 한인들의 유교적 세계관과 차이가 있는 것은 바로 남녀 사이나 연령, 신분에 의해 사회를 계급화 또는 계층화하는 사고 체계가 한국처럼 강하지 않다는 점이다.

한편 샤머니즘적 세계관에 대한 16개의 질문에 대해서 몽골 대학생들은 77%가 긍정적으로 대답했다. 지극정성이면 불가능도 가능케 한다는 질문이나 인간이 육체와 영혼으로 구성되어 있다는 질문, 사주나 궁합이 인간을 이해하는 방법이라는 질문에는 90% 이상이 그렇다고 응답했다. 샤머니즘적 세계관에 대해서 기독교 대학생들도 상당수가 그렇다고 긍정하였다. 이것은 샤머니즘적 세계관이 몽골 대학생들에게 강한 영향을 미치고 있음을 보여준다. 유교적 문화의 특징과 샤머니즘적 세계관이 서로 일치하지 않음에도 불구하고 몽골 대학생들이 두 세계관을 모두 가지고 있다는 것은 몽골 또한 유교적 문화의 특징과 유목문화의 전통이 샤머니즘 못지않게 큰 영향을 미치고 있다는 것을 알 수 있다.

물질에 대한 세계관적 특성

사회주의적 물질관은 가시적 물질이 실재한다고 보는 것이다. 몽골 대학생들의 78%는 보고 만질 수 있는 가시적 물질이 실재한다고 긍정했다. 이것은 대다수 몽골 대학생이 물질주의적 세계관을 가지고 있음을 보여준다. 그러나 행복이 물질적으로 안정된 삶에 있는지를 묻는 질문에 대해서는 55%가 부정적인 응답을 했다. 이것은 가시적 물질이 실재함을 긍정하면서도 행복을 물질로 얻을 수 있는 것은 아니라는 인본주의적 가치관을 가지고 있음을 알 수 있다.

연구조사 결과

몽골 대학생들의 세계관에 가장 큰 영향을 미치는 요소는 가족과 친구로 나타났다. 몽골사회와 문화, 전통과 관습 또한 몽골 대학생들의 세계관의 변화에 영향을 미치는 요소들로 조사되었다.

몽골 대학생들의 세계관적 특성이 무엇인지에 대한 연구 질문에 대하여 고등종교 차원에서의 세계관적 특성에서는 티베트불교, 샤머니즘, 유목 세계관의 영향을 많이 받고 있음을, 민간종교 차원에서의 세계관적 특성에서는 집단주의와 개인주의, 연고주의와 원칙주의, 권위주의와 평등주의 등 동양과 서양의 세계관적 특성들이 혼재되어 있는 것으로 나타났다. 아울러 몽골 유목 세계관의 유교 문화적 특성과 샤머니즘적 세계관이 강하게 나타나는 것으로 조사되었다. 그리고 진리와 윤리에 있어서는 상대주의적 세계관이 강하게 영향을 미치고 있는 것으로 나타났다. 또 몽골 대학생들은 유목민적인 특성인 현실주의적 사고와 자기 스타일대로 살고자 하는 개인중심적인 사고방식을 가지고 있다. 공동체에 대한 자기 헌신도 한국 사람들과 비교할 때 상대적으로 부족한 편으로 조사되었고, 사랑과 섬김으로 서로서로를 세우는 공동체, 이웃을 배려하고 타인을 위해 자기를 포기하는 것이나 희생하는 삶도 상대적으로 약한 편으로 조사되었다.

몽골 대학생들의 세계관적 특성을 표로 요약하면 다음과 같다.

표 9. 몽골대학생들의 세계관적 특성

몽골 대학생의 세계관에 영향을 미치는 요소들	• 가족과 친구 • 종교와 신앙(티베트불교, 샤머니즘) • 몽골사회와 문화(부족중심의 유목사회) • 몽골의 전통과 관습(유목, 티베트불교, 샤머니즘 관련)
고등종교 차원에서의 세계관적 특성	• 다신교적 세계관 • 인간은 자연에 순응하며 살아야 하는 진화론적 존재다. • 고통이 인간의 욕심과 탐욕에의 집착에서 생긴다. • 고통에서 벗어나려면 자비를 실천해야 한다.

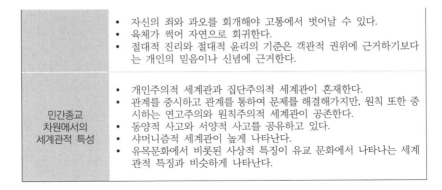

	• 자신의 죄와 과오를 회개해야 고통에서 벗어날 수 있다. • 육체가 썩어 자연으로 회귀한다. • 절대적 진리와 절대적 윤리의 기준은 객관적 권위에 근거하기보다는 개인의 믿음이나 신념에 근거한다.
민간종교 차원에서의 세계관적 특성	• 개인주의적 세계관과 집단주의적 세계관이 혼재한다. • 관계를 중시하고 관계를 통하여 문제를 해결해가지만, 원칙 또한 중시하는 연고주의와 원칙주의적 세계관이 공존한다. • 동양적 사고와 서양적 사고를 공유하고 있다. • 샤머니즘적 세계관이 높게 나타난다. • 유목문화에서 비롯된 사상적 특징이 유교 문화에서 나타나는 세계관적 특징과 비슷하게 나타난다.

몽골 대학생들의 세계관 변화를 위한 한인 사역자의 사역전략

몽골 대학생들의 세계관 변화를 위한 한인 사역자의 선교전략에 관해서는 먼저 한인 사역자들을 대상으로 설문지를 통한 사역자들의 세계관 분석을 실시했고, 그다음으로 학원사역과 청년사역을 하는 3년차 이상의 사역자들을 대상으로 포커스그룹 인터뷰와 심층인터뷰를 통하여 질적 자료를 수집했다. 설문지를 통한 세계관 분석은 몽골사역 경험이 있는 31명의 한인 사역자들을 대상으로 실시했고, 인터뷰를 통한 질적 분석은 12명의 한인 사역자들을 대상으로 심층인터뷰를 실시했다.

가족과 친구에 대한 이해의 필요성

몽골 대학생들의 세계관 변화에 영향을 미치는 가족과 친구의 영향을 고려하여 사역 대상자의 가족과 친구들이 어떠한지를 주목할 필요가 있다. 이를 위하여 사역자는 세계관에 영향을 미치는 공동체적 요소를 고려하여 새로운 공동체에 가족과 친구가 되도록 강한 유대감을 갖도록 도울 필요가 있다. 복음을 듣고 새롭게 변화될 때는 그들이 가족과 친구들과 어떻게 지내야 하는지를 자세히 안내해주고, 그들의 친구, 가족과도 친해질 수 있도록 도와주어야 한다. 사역자는 자신의 사역 대상자들도 종교와 신앙이 세계관에 가장 큰 영향을 미칠 것이라는 선입견을 버리고 이들의 세계관에 영향을 미치는 가족과 친구와 같은 공동체, 몽골 전통과 사회에 대하여 올바르게 이해할 필요가 있다. 이런 면에서 기숙사를 운영하거나 공동체 생활을 통하여 일대일이나 소규모 그룹 제자훈련을 실시한다면 공동체가 주는 세계관적 유혹을 극복할 수 있을 것이다.

> 몽골 젊은이들과 대화를 깊이 하는 것이 필요한 것 같아요. 그들이
> 어떠한 생각, 어떠한 감정을 가지고 있는지 끊임없이 들어야 하고
> 그리고 난 다음 그들에게 조언을 주어야 효과가 있습니다. 이를 위
> 해서는 먼저 관계 형성이 필요하겠지요. 그들이 나에 대해서 어떻게
> 생각하는지, 나를 받아들이는지 아닌지에 대한 관계가 중요하다고
> 봐요. 이것이 안 되면 몽골 사람들은 복음이 좋은 소식이라고 해도
> 따라가지 않는다고 봅니다(심층인터뷰 1).

개인적 선택과 가치의 존중

한인 사역자가 사역 대상자들의 세계관 변화를 위해서 고려해야 할 사항은 개인적 선택과 가치를 존중해주어야 한다는 것이다. 개인이 예수 그리스도의 제자로 살아가는 데 있어서 고민해야 할 부분을 설명하고 스스로 그 선택을 하도록 기회를 제공해야 한다. 또 권위주의적 태도보다는 친구로서 고민을 들어주고 자문을 해주는 상담가로서 다가가는 자세가 필요하다. 그리고 사역 대상자들이 중간에 방황하더라도 그들이 스스로 정리할 수 있도록 기다리고 참는 노력이 필요하다.

> 유교적인 장유유서 사상, '내가 연장자이고 선생이니 넌 무조건 들
> 어라'라고 하는 수직적인 교육방식, '내 제자'라고 하는 근시안적인
> 접근방식, 주입식교육과 상명하달 방식의 훈련 등등 한국 사역자들

이 한국인의 전통적인 세계관으로 몽골 젊은이들에게 접근하여 오히려 반발을 사는 경우를 보았습니다(심층인터뷰 8).

한국인들이 주로 권위주의적이잖아요? 그런 권위주의적, 수직적 관계 문화가 아니라 수평적 관계문화를 형성하는 것이 몽골에 필요하다고 봅니다(심층인터뷰 9).

자연과 인간과의 관계에 대한 성경적 세계관 강조

한인 사역자는 세계관에 있어서 사역 대상자들이 자연으로부터 받는 영향이 크다는 것을 인식하고 인간과 자연에 대해서 성경이 어떻게 말하고 있는지를 자세히 설명할 필요가 있다. 성경적 인간관을 올바로 인식하도록 하나님의 형상으로서의 인간의 지위와 역할에 대해서 자세한 설명이 필요하다. 아울러 자연의 여러 신적 대상들에 대해서 사역 대상자들이 스스로 정리할 수 있도록 기회를 주어야 한다. 예수를 알기 전과 그 이후 사고의 변화가 어떻게 나타났는지를 고백하게 하는 것도 좋은 방법이 될 것이다. 특히 샤머니즘에 대한 부분은 세계관의 변화를 위한 제자훈련 시에 반드시 다루어야 할 부분이다. 사역 대상자들의 영적 전쟁은 샤머니즘과의 싸움에 있다고 해도 과언이 아니다. 따라서 복음을 전할 때 기독교의 신관, 인간관, 자연관, 영적 존재에 대한 세계관적 이해가 필수적이다.

몽골 사람들은 어떤 일에 대해서 성경적으로 판단하고 사고하는 기초가 약하잖아요. 이 말은 성경과목이나 강의가 부족하다는 말이 아니라 영적 상식이라고 할까, 하나님을 알아가는 성경적 기초가 약하다는 말입니다. 그래서 성경에 기초하여 총체적으로 사고하는 부분이 약한 것이 아닌가 생각합니다(심층인터뷰 3).

물질에 대한 성경적 가치관 정립

물질주의적 세계관에 있어서 사역 대상자들은 이중적 가치관을 가지고 있는 것으로 조사되었다. 직업 선정 시 보수보다는 보람되고 의미 있는지가 중요하다고 말하면서도 물질은 내가 잘 사는 것을 보여주는 척도라고 응답한다든지, 일의 종류와 상관없이 보수가 많은 것이 좋다고 응답하는 것은 물질에 대한 이중적 가치관을 가지고 있음을 보여준다. 특히 사역 대상자들은 죽은 후의 명예보다는 현세의 삶이 중요하다고 대부분 긍정했는데 이것은 사역 대상자들이 현세주의적인 사고, 물질주의적 사고를 가지고 있음을 보여준다. 한인 사역자들은 사역 대상자들의 물질주의적, 현세주의적인 세계관을 이해하고, 교회와 하나님 나라를 위해서만 살라고 일방적으로 주장하기보다는 물질에 대한 성경적인 가치관과 기준이 무엇인지를 가르치고 이해시키는 것과 아울러 대학생들이 물질적인 문제에 봉착할 때 이를 어떻게 대하고, 극복해야 하는지를 구체적으로 도와줄 전략과 방법을 가져야 한다.

> 지금 와서 보면 가르치는 사역자들 자체가 무엇이 성경적인지를 제대로 가르치지 않았다고 봅니다. 성경이 무엇을 말하는지를 가르치거나 도전하지 않았기에 현지인들도 사역자의 행동을 보면서 그대로 영향을 받은 것이 아닌가? 생각해요. 그동안 한국 사역자들의 선교 전략적인 문제점이랄까, 교인들에게 무엇이 성경적인 삶인지에 대한 문제의식을 던져주는 것이 부족했다는 것이에요(심층인터뷰 2).

> 나는 복음의 내용에 대한 정립이 시급하다고 봐요. 복음을 받아들일 때 이 복음에 내 목숨을 걸 수 있는지에 관한 질문을 던져야 해요. 복음을 단순히 복된 메시지로 이해하거나 박시(사역자)를 위해서 믿어주는 것으로 이해해서는 안 됩니다. 제자로서 산다는 것은 자기 헌신을 의미한다는 것을 분명히 인식시켜주어야 해요. 이것이 해결

되지 않으니까 그다음 제자로 나아가는 것이 안 되거든요(심층인터
뷰 1).

멘토(mentor)로서 다가가는 자세의 중요성

사역 대상자들의 세계관적 변화를 위한 효과적 사역전략은 무엇인지에
대한 질문에 대해서는 한인 사역자가 사역 대상자들의 세계관을 변화시키
기 위해서 그들에게 복음을 강요하지 말고 그들 스스로 복음을 이해하도
록 일대일로 만나 구체적으로 조언하고 돕는 자세가 필요한 것으로 조사
되었다. 개인이 예수 그리스도의 제자로 살아가는 데 있어서 고민해야 할
부분을 설명하고 스스로 그 선택을 하도록 기회를 줄 필요가 있다. 또 권
위주의적 태도보다 친구로서 고민을 들어주고 멘토링(mentoring)을 해주
는 멘토 또는 상담가로서 다가가는 자세가 필요하다. 혹 사역 대상자들이
중간에 방황하더라도 그들이 스스로 정리할 수 있도록 기다리고 참는 노
력이 필요하다.

> 또 몽골 학생들의 생각이 나와 반대되더라도 무조건 금지하기보다는
> 그 사람의 생각이 하나님의 생각인지 아닌지를 고민하게 해주어야
> 합니다. 그런 면에서 제자훈련을 할 때 한국 사역자들의 변화가 필
> 요한 것 같아요. 일방적으로 순종하라고, 무조건 따라오라고 해서는
> 안되구요. 접근방식의 변화가 필요해 보입니다. 몽골 사람들은 설득
> 이 되어야 액션이 나오는 거 같아요(포커스그룹 인터뷰 1).

사역 대상자들의 물질주의적 사고나 정성을 다해서 신을 예배하고 섬기
는 것이 신앙과 연관된다는 사고방식, 그리고 자연과 신령에 대한 이해들
은 한인 사역자들의 세계관과 큰 차이가 있기에 이에 대해서 성경적 세계
관에 입각한 교육과 훈련이 필요한 것으로 조사되었다. 특히 샤머니즘에
대한 부분은 세계관의 변화를 위하여 제자훈련 시에 반드시 다루어야 할

부분이다. 사역 대상자들의 영적 전쟁은 샤머니즘과의 싸움에 있다고 해도 과언이 아니다. 따라서 복음을 전할 때 기독교의 신관, 인간관, 자연관, 영적 존재에 대한 성경적 이해가 필수적이라는 것이 연구 결과로 나타났다.

세계관의 변화는 외부적인 충격이 있을 때 가능하잖아요? 저는 지식적인 충격과 경험에서 충격이 있어야 한다고 봅니다. … 샤머니즘적 세계 속에서 세계관의 변화는 능력체험에 있다고 봅니다. 오순절적인 체험과 같이 자기 삶의 현장에서 구체적인 충격을 경험할 때 사고와 의식의 변화가 이루어질 것이라 생각합니다. 축사나 신유와 같은 능력체험을 할 때 기존의 사고체계에 변화를 가져오는 것 같아요(심층인터뷰 2).

몽골 대학생들의 세계관 변화를 위한 한인 사역자의 사역전략에 대한 연구 결과를 요약하면 다음 표와 같다.

표 10. 몽골 대학생들의 세계관적 특성에 적합한 한인 사역자의 사역전략

몽골 대학생들의 세계관에 적합한 사역전략	• 복음 대상자가 새로운 공동체에 한 가족과 친구가 되도록 도울 필요가 있다. • 복음을 듣고 신자가 된 대상자들에게는 그들의 가족과 친구들과 어떻게 지내야 하는지를 자세히 가르쳐야 한다. • 교회가 복음 대상자의 친구나 가족과도 좋은 유대감을 갖도록 힘써야 한다. • 가족이나 친구들을 교회의 좋은 행사나 모임에 초대하여 기독교에 대한 반감을 최소화하도록 도와야 한다. • 한인 사역자는 몽골 전통과 사회에 대한 올바른 이해를 가지고 상황화된 사역전략을 실시해야 한다.
고등종교와 연관된 사역전략	• 유일하신 하나님에 대한 세계관적 이해가 필요하다. • 다신교적 세계관을 극복하는 세계관적 측면에서의 복음 제시가 필요하다. • 인간이 하나님의 형상으로 지음을 받았으며 인간은 하나님의 청지기로서 자연을 다스리고 자연을 가꾸어 가야 한다는 기독교적 인간관을 강조할 필요가 있다.

	• 진화를 하나님의 포괄적 계획과 섭리와 연결시킴으로 진화론적 세계관의 한계를 극복할 수 있는 지혜가 필요하다. • 산 자와 죽은 자가 교제할 수 있다는 샤머니즘적 세계관에 대해서는 기독교 세계관적 대응이 필요하다.
민간종교와 연관된 사역전략	• 하나님과 인간, 그리고 자연의 관계에 대해서 성경이 어떻게 말하고 있는지를 분명하게 제시할 필요가 있다. • 하나님의 형상으로서의 인간의 지위와 역할에 대한 교육과 훈련이 필요하다. • 자연의 여러 신적 대상들에 대해서 몽골 대학생들 스스로가 신관을 정리할 수 있도록 기회를 주어야 한다. • 몽골 대학생들의 물질주의적, 현세주의적인 세계관을 이해하고, 물질에 대한 성경적인 가치관과 기준이 무엇인지를 가르칠 필요가 있다. • 대학생들이 물질적인 문제에 봉착할 때 이를 어떻게 극복해야 하는지를 구체적인 기준을 제시해 줄 필요가 있다.

10

세계관의 변화를 추구하는
효과적 사역을 위한 제안

세계관의 변화를 추구하는
효과적 사역을 위한 제안

샤머니즘 세계관에 적합한 사역 방안

첫째, 민간신앙으로 몽골 사람들 내면에 숨겨져 있는 샤머니즘적 요소들을 인식하는 것이 필요하다. 샤머니즘은 역사적으로 타종교와 쉽게 융합하여 자신을 위장하며 숨기 때문에 내부에 잠재된 샤머니즘의 요소들은 잘 보이지 않는다. 따라서 사역자는 몽골 사람들 속에 감추어진 샤머니즘적인 신앙체계와 세계관적 요소들을 볼 줄 알아야 한다. 몽골 사람들 속에 잠재된 샤머니즘적인 요소들을 인지하면서 접근할 때 몽골 세계관의 변화를 위한 사역방안을 마련할 수 있다.

둘째, 샤머니즘적 세계관이 가지는 긍정적 측면들을 사역에 적극적으로 활용하는 것이다. 샤머니즘적 세계관의 요소들 가운데 부정적인 부분들은 제거해야 하지만, 사역에 부합되는 긍정적인 요소들은 변형해서 활용할 수 있다. 샤머니즘은 유신론을 믿고 영의 존재를 믿는다. 그리고 샤먼이라는 중재자의 개념을 가지고 있다. 또 인간은 신에게 의존적인 존재라는 인간관을 가지고 있으며 신의 노여움을 풀기 위해서는 중개자를 통해 신령과 만나는 굿이라는 의례도 있다. 이런 세계관적 요소들은 혼합주의를 조심하면서 주의 깊은 상황화를 통하여 수용 가능한 요소들로 바꿀 수 있다.

뉴기니에서 원주민 사역을 한 돈 리차드슨(Don Richardson)이 말한 '구속적 유비'(Redemptive Analogy)를 적극적으로 활용할 수 있다.

셋째, 사람들의 필요를 듣고 그 필요를 채워주는 사역에 집중하는 것이다. 샤머니즘 문화권에 속한 사람들의 주된 관심사는 그들이 직면한 질병이나 삶의 여러 문제를 신의 힘을 빌려 해결하고 신의 복을 받아 현세에서 평안한 삶을 누리는 것이다. 샤머니즘 문화권의 사람들은 인생의 문제를 스스로 해결할 수 없고 신의 도움이 필요함을 인지하는 사람들이다. 미래에 대한 불안감을 신령을 통해 해소하고자 하며, 인생에 닥칠지 모르는 불운을 예방하고자 신령에게서 도움을 빈다. 따라서 사역자는 이들의 필요를 듣고 하나님의 말씀으로 위로하고 기도함으로써 두려움과 불안함을 신실하신 하나님께 맡기도록 하는 믿음을 갖도록 도와야 한다. 이러한 영적 상담은 샤머니즘의 세계관적 영향 하에 있는 몽골 사람들의 사고를 변화시키는 매우 효과적인 사역이다.

넷째, 하나님에 대한 올바른 개념 확립과 인격적 관계 형성을 돕는 것이다. 샤머니즘적 세계관의 영향 아래에 있는 몽골 사람들이 정립해야 할 세계관적 요소는 하나님과의 인격적인 관계를 맺고 인격적인 하나님을 바로 아는 일이다. 샤머니즘권 사람들에게 신은 늘 두려운 대상으로 인식된다. 샤머니즘의 신은 언제든지 화를 내고 인간에게 고통을 줄 수 있는 존재이면서 인간의 조그만 정성과 예물에 쉽게 화를 푸는 변덕이 심한 신이다. 따라서 인간은 샤머니즘의 신령에게서 인격적인 면을 발견하기 어렵다. 이러한 비인격적인 신과의 관계를 회복하기 위해서 사역자는 하나님의 인간을 향한 무한한 사랑과 예수 그리스도께서 행하신 일들에 대한 성경의 가르침으로 사람들이 하나님에 대한 개념을 바로 잡고 인격적인 관계 형성을 가질 수 있도록 도와야 할 것이다.

세계관 변화를 위한 한인 사역자의 효과적 사역 방안

사역자는 제일 먼저 성경적 세계관에 근거한 지식의 변화가 이루어지도록 사역전략을 세워야 한다. 사역 대상자들이 복음의 내용을 담은 신앙고백을 할 수 있도록 훈련해야 한다. 성경이 말하는 하나님에 대한 올바른 이해와 고백이 무엇인지를 전달하는 데 힘써야 한다. 사역자는 이러한 목표 아래 세부계획을 세워서 설교와 성경공부를 통하여 복음이 무엇인지를 정확하고 분명하게 가르쳐야 한다. 연구 조사를 보면 기복주의적인 삶의 스타일, 물질에 대한 애착심, 전통적인 문화와 사고방식의 지배가 사역 대상자들이 그리스도의 제자가 되는 데 있어서 가장 큰 장애물로 지적되었다. 따라서 사역자는 사역 대상자들이 그리스도의 제자로 나아가는데, 이러한 장애물들을 극복할 수 있도록 좋은 모델을 보여줄 필요가 있다. 구체적으로 사역 대상자들이 자신들의 세계관과 성경적 세계관과의 차이를 올바로 이해하고 무엇을 변화시켜 나가야 하는지에 대한 깨달음을 얻도록 전략을 세워야 한다. 또 죄와 회개에 대한 구체적인 가르침과 실천이 필요하다. 죄란 한 분 하나님 외에 다른 신들로 나아가는 것이며, 회개란 유일하신 창조주 하나님 한 분만을 믿고 신뢰하며 나아가는 것임을 올바로 인식시켜야 한다. 특별히 깨어진 가정 속에서 자란 대학생들에게는 인생의 허무함과 상처를 극복할 수 있도록, 하나님과의 인격적인 관계를 통해서 복음의 의미를 깊이 깨닫도록 치유를 통한 사역이 동반되어야 할 것이다. 그래서 공동체로서의 복음의 의미를 깨닫도록 복음을 상황화해 전달할 필요가 있다.

둘째, 능력체험을 통한 세계관의 변화를 추구해야 한다. 세계관의 변화는 인식의 변화만으로는 한계가 있으며 궁극적으로 능력대결로 나타나야 한다. 연구 조사를 보면 사역자들은 이를 위해서 기도와 성령의 임재에 대한 체험이 필요하다는 것을 강조했다. 사역자들의 보편적인 특징은 지적

훈련과 영적 능력을 서로 상반된다고 생각하는 경향이 있다. 지적 교육과 훈련을 강조하는 사역자는 영적 능력에 있어서 약하고, 반대로 기도를 통한 영적 능력을 강조하는 사역자는 지적 교육을 소홀히 여긴다. 세계관의 변화는 인지적, 정서적, 영적 변화를 통한 가치관의 변화로 이어져야 한다. 따라서 사역자는 사역 대상자들을 위한 공동체적인 기도와 상담을 통한 조언, 중보기도의 중요성을 알고 제자훈련에 이러한 내용을 포함시켜야 한다. 사역 대상자들과 친근한 관계를 맺고 그들의 상한 마음에 대한 치유나 용서의 문제들을 함께 기도함으로써 하나님의 사랑을 체험할 수 있도록 도와주어야 한다. 교회가 사역 대상자들의 또 다른 가족이요 친구임을 느끼도록 일대일 제자훈련이나 멘토링을 실시해야 한다.

셋째, 생활 훈련을 통하여 세계관의 변화가 나타나도록 전략을 세워야 한다. 교육과 훈련이 세계관의 변화로 이어지려면 충격이 일어나야 하는데 이것은 당사자 본인이 실제 생활 속에서 경험할 때 나타난다. 따라서 사역자는 복음의 내용과 성경적 원리를 생활을 통해서 직접 경험하도록 그것을 구체적으로 실천할 수 있는 사역전략을 세워야 한다. 경건의 시간을 갖도록 도전하고 그것을 일대일 제자훈련을 통하여 점검한다든지, 성경공부를 통해서 적용하기로 한 사항들을 점검한다든지, 한 주간 동안 인격적인 성숙의 경험이 있었다면 서로 나눈다든지, 영적으로 실패하거나 힘들었던 것들을 나누고 그것을 극복하는 방법을 상담한다든지 등등 생활 속에서 일어나는 갈등과 문제들을 나누며 성경적인 원리를 심어 주어야 한다. 이를 위해서는 훈련의 초기에 사역자가 한 사람 한 사람을 만날 때 그 사람의 눈높이에서 성장해야 할 목표와 계획을 세워서 주도적으로 만남을 이끌어 갈 필요가 있다. 이 시기에는 사람에게 시간과 에너지를 집중적으로 쏟아야 하는 시기이기에 사역자는 사람들에게 가시적으로 보여주고자 외적인 사업을 벌이려는 유혹을 조심해야 한다.

넷째, 세계관의 변화를 위한 사역자의 태도와 연관된 것이다. 사역자는 사역 대상자들에게 일방적인 전달이나 무조건적인 순종을 요구하기 보다는 상대방의 이야기를 잘 듣고 조언을 주는 조언자로서의 관계를 형성하는 것이 필요하다. 사역 대상자들을 대상으로 세계관적 변화를 위한 사역을 할 때 그들과 인격적 신뢰관계를 형성하는 것이 매우 중요하다. 신뢰가 형성되지 않으면 인격적인 접촉이 이루어지지 않기에 변화를 위한 시도 또한 이루어지지 않는다. 따라서 세계관의 변화를 위해서는 오랜 기간 규칙적인 만남을 통한 지속적인 훈련이나 일대일 만남을 통한 도제 훈련을 해야 한다.

마지막으로 세계관의 변화는 하나님의 강권적인 역사가 아니라면 대개 단기간에 이루어지지 않는다. 따라서 사역자는 그리스도의 제자로서 스스로 모범을 보이며 선생으로서, 때로는 친구처럼 동행하며 장기간 멘토링을 할 필요가 있다. 다양한 독서와 성경공부, 상담을 통하여 성경적 세계관에 대해서 가르치고 배우며, 그것을 오늘날의 삶 속에 어떻게 적용할 것인지에 대해서 같이 고민하는 시간이 필요하다. 이러한 관계를 지속하면서 삶 속에서 변화를 위한 중보기도와 성령의 임재를 간구할 때 하나님의 역사로 인하여 세계관의 변화가 나타난다. 그리고 이러한 세계관의 변화가 공동체 속에서 이루어질 때 그리스도의 제자로서의 구별된 모습을 나타낼 수 있다.

사역자들이 효과적 사역전략을 세우려면 무엇보다도 자신들 먼저 성경적 교회관과 선교관을 뚜렷이 정립해야 한다. 그리고 어떠한 사역에 종사하든지 미래의 교회를 마음속에 그리며 교회가 성경에 입각한 교회로서의 정체성을 회복하고, 성경적 세계관에 기초한 제자를 길러내도록 사역방향을 세워야 한다. 성도들이 세상 속에서 그리스도의 증인으로서의 삶을 살아가며 그리스도의 제자들을 재생산하는 교회를 세워가는 데 초점을 맞추어야 한다. 이것이 우리의 꿈과 비전이 되어야 하고 사역방향이 되어야 할 것이다.

참고문헌

국내단행본

고려대 민속문화연구원. 『몽골의 무속과 민속』. 서울: 월인, 2001.

국사편찬위원회. 『무속, 신과 인간을 잇다』. 파주: 경인문화사, 2011.

김열규. 『동북아시아 샤머니즘과 신화론』. 서울: 아카넷, 2003.

김은수. 『비교종교학』. 서울: 대한기독교서회, 2007.

김태곤. 『무속과 영의 세계』. 파주: 한울, 1993.

_____. 『한국 무가집』. 원광대학교 민속학 연구소, 1971.

김한규. 『티베트와 중국: 그 역사적 관계에 대한 연구사적 이해』. 서울: 조합공동
　　　체소나무, 2000.

대한예수교장로회 몽골현지선교회. 『선교의 동반자, 초원길을 복음의 길로』. 서울:
　　　한들출판사, 2012.

몽골 한인사역자회. 『몽골한인선교 15주년 기념 자료집』. UB: 한인사역자회,
　　　2006.

문상철. 『기독교 선교를 위한 글로벌 문화 해석』. 서울: 한국해외선교회출판부,
　　　2009.

민남기. 『한국식 전도법』. 서울: 나침반, 1998.

박원길. 『몽골의 문화와 자연지리』. 서울: 민속원, 2001.

_____. 『몽골의 종교신앙. 징기스칸-그 영광의 역사』. 서울: 지.에프, 1996.

_____. 『북방민족의 샤머니즘과 제사습속』. 서울: 국립민속박물관, 1998.

_____. 『유라시아 초원제국의 샤머니즘』. 서울: 민속원, 2001.

_____. 『유라시아 초원제국의 역사와 민속』. 서울: 민속원, 2002.

박환영. 『몽골 유목문화 연구』. 서울: 역락, 2010.

배요한. 『신학자가 풀어 쓴 유교 이야기』. 서울: IVP, 2014.

송인규. 『죄 많은 이 세상으로 충분한가?』. 서울: IVP, 1988.

신국원. 『니고데모의 안경』. 서울: IVP, 2005.

안교성. 『몽골선교의 회고와 전망』. 서울: 기독교사상, 2002.

안점식. 『세계관 종교 문화』. 서울: 죠이선교회출판부, 2008.

_____. 『세계관과 영적전쟁』. 서울: 죠이선교회출판부, 1995.

_____. 『세계관을 분별하라』. 서울: 죠이선교회출판부, 2008.

이동주. 『아시아종교와 기독교』. 서울: 기독교문서선교회, 2004.

이안나. 『몽골 민간신앙 연구』. 서울: 한국문화사, 2010.

_____. 『몽골사람의 생활과 풍속』. UB: 울란바타르대학교 한국학연구소, 2005.

이필영. 『샤머니즘의 종교사상』. 대전: 한남대학교 출판부, 1988.

장장식. 『몽골 민속 기행』. 서울: 자우출판, 2002.

전호진. 『종교다원주의와 타종교 사역전략』. 서울: 개혁주의신행협회, 1993.

_____. 『문명충돌 시대의 선교』. 서울: 기독교문서선교회, 2002.

정수복. 『한국인의 문화적 문법』. 서울: 생각의 나무, 2007.

정영동. 『몽골·몽골문화: 조각·예술로 본 몽골사람의 정신과 문화』. 서울: 일진사, 2004.

정재훈. "유목문화와 고대 유목민의 역사." 18-40. 『몽골의 역사와 문화』. 서울: 서경문화사, 2007.

조흥윤. 『한국의 샤머니즘』. 서울: 서울대학교출판부, 1999.

최준식. 『무교-권력에 밀린 한국인의 근본신앙』. 서울: 도서출판 모시는 사람들, 2009.

_____. 『한국의 종교 문화로 읽는다』. 서울: 사계절출판사, 2007.

_____. 『한국인에게 문화는 있는가?』. 서울: 사계절출판사, 1997.

한국복음주의선교신학회. 『선교를 위한 문화인류학』. 서울: 도서출판 이레서원, 2005.

한국선교연구원. 『현대선교 12: 선교와 세계관』. 서울: 한국해외선교회출판부, 1999.

_____. 『현대선교 14: 선교적 교회』. 서울: 한국해외선교회출판부, 2012.

국내단행본(외국저자)

강톨가 외. 『몽골의 역사』. 김장구, 이평래 역. 서울: 동북아 역사재단, 2009.

고힌, 마이클, 크레이그 바르돌로뮤. 『세계관은 이야기다』. 윤종석 역. 서울: IVP, 2011.

그루세, 르네. 『유라시아 유목제국사』. 김호동, 유원수, 정재훈 역. 서울: 사계절출판사, 1998.

니스벳, 리처드. 『생각의 지도』. 파주: 김영사, 2004.

체렌서드넘, 데. 『몽골민족의 기원신화』. 이안나 역. 몽골: 울란바타르대학교, 2001.

돌고룬체데브. 『몽골 불교사』. 체데브다그미트마 역. 서울: 불교통신교육원, 2003.

돌람, 센덴자빈. 『몽골 신화의 형상』. 이평래 역. 서울: 태학사, 2007.

랴자노프스키. 『몽골의 관습과 법』. 서병국 역. 서울: 혜안, 1996.

마사아키, 스키야마. 『몽골세계제국』. 임대희 외 2인 역. 서울: 신서원, 2004.

_____. 『유목민의 눈으로 본 세계사』. 이경덕 역. 서울: 시루, 2013.

마이달 D., N. 츄르템. 『몽고문화사』. 김구산 역. 서울: 동문선, 1991.

모건, 데이비드. 『몽골족의 역사』. 권용철 역. 서울: 모노그래프, 2012.

보쉬, 데이비드 J. 『변화하고 있는 선교』. 김병길, 장훈태 공역. 서울: CLC, 2010.

사이어, 제임스. 『기독교 세계관과 현대사상, 확대개정』. 김헌수 역. 서울: IVP, 2011.

_____. 『기독교 세계관과 현대사상』. 김헌수 역. 서울: IVP, 1991.

스마트, 니니안. 『종교와 세계관』. 김윤성 역. 서울: 이학사, 2000.

엘리아데, 미르치아. 『샤머니즘』. 이윤기 역. 서울: 도서출판까치, 1998.

왈쉬, 브라이안, 리차드 미들톤. 『그리스도인의 비전』. 황영철 역. 서울: IVP, 1990.

월터스, 알버트. 『창조, 타락, 구속』. 양성만 역. 서울: IVP, 1992.

장진웨이. 『흉노제국 이야기』. 남은숙 역. 서울: 마이월드, 2010.

즈이호, 야마구치, 야자키 쇼겐. 『티베트불교사』. 이호근, 안영길 역. 서울: 민족사, 1990.

쩨링, 마르꾸. 『티벳불교권 선교』. 이상룡 역. 서울: 도서출판 NCD, 2003.

체렌소드놈. 『몽골 민간 신화』. 이평래 역. 서울: 대원사, 2001.

카이퍼, 아브라함. 『삶의 체계로서의 기독교』. 서문강 역. 서울: 새순출판사, 1987.

크래프트, 찰스. 『(말씀과 문화에) 적합한 기독교: 성육신과 상황화 원리』. 서울: 생명의말씀사, 2007.

_____. 『기독교 문화인류학』. 안영권, 이대헌 역. 서울: CLC, 2005.

_____. 『기독교와 문화』. 임윤택, 김석환 역. 서울: CLC, 2006.

토카레프, 세르게이. 『세계의 종교』. 한국종교연구회 역. 서울: 사상사, 1991.

파이퍼, 존. 『열방을 향해 가라』. 김대영 역. 서울: 좋은씨앗, 2003.

하이시히, 발터. 『몽골의 종교』. 이평래 역. 서울: 소나무, 2003.

하자노프. 『유목사회의 구조』. 김호동 역. 서울: 지식산업사, 1990.

헌팅턴, 새뮤얼. 『문명의 충돌』. 이희재 역. 서울: 김영사, 1997.

헤셀그레이브, 데이비드. 『선교커뮤니케이션론』. 강승삼 역. 서울: 생명의 말씀사, 1999.

홉스테드, 헤이르트. 『세계의 문화와 조직』. 차재호, 나은영 역. 서울: 학지사, 1995.

히버트, 폴. 『21 세기 선교와 세계관의 변화』. 홍병룡 역. 서울: 복있는 사람, 2010.

_____. 『선교와 문화인류학』. 김동화, 이종도, 이현모, 정흥호 역. 서울: 죠이선교 회출판부, 1996.

_____. 『인류학적 접근을 통한 선교현장의 문화이해』. 김영동, 안영권 역. 서울: 죠이선교회출판부, 1997.

_____, 다니엘 쇼, R., 티트 티에노우. 『민간종교 이해』. 문상철 역. 서울: 한국 해외선교회출판부, 2006.

히사오, 고마츠 편. 『중앙유라시아의 역사』. 이평래 역. 서울: 소나무, 2005.

국외단행본

Dilthey, Wilhelm. *The Essence of Philosophy, Stephen A. Emery and William T. Emery*. Chapel Hill: The University of North Carolina Press, 1954.

Geertz, Clifford. *The Interpretation of Cultures: Selected Essay*. New York: Basic Books, 1973.

Hall, Edward. *Beyond Culture, Garden City*. New York: Anchor Press, 1976.

Humphrey, Caroline. *Shamanic Practices and the Statein Northern Asia: Views from the Center and Periphery, Shamanism, History & the State*. ed. by Nicholas Thomas & Caroline Humphrey. USA: University of Michigan Press, 1996.

Kearney, Michael. *World View, Novato. CA: Chandler and Sharp, H. 1992, Worldviews in Conflict: Choosing Christianity in the World of Ideas*. Michigan: Zondervan Publishing Company, 1984.

Redfield, Robert. *The Primitive World and Its Transformations, Harmonds Worth*. UK: Penguin Books, 1968.

Б. Баабар. Монголын Түүх. УБ: Nepko publishing, 2009.

Д. Батбаяр. Монгол, Монголчууд, Монгол орон. УБ: Мөнхийн Үсэг, 2014.

Б. Ринчен. Монгол бөө мөргөлийг судлах эх хэрэглэхүүн, III боть, УБ, 1975.

Б. Содном. Монгол харын бөөгийн дудлага, УБ, 1964.

Б. Сумъяа. Монголын нүүдэлчдийн соёл, УБ., 2005,

Д. Бадарч. Бөө судлал буюу монголын харын бөө, УБ, 2007.

О. Пүрэв. Монгол бөөгийн шашин, УБ: Монгол Улсын Шинжлэх Ух ааны Академ, 2014.

С. Дулам. Монгол домог зүйн дүр, УБ: МУИС, 1989.

С. Пүрэвжав. Монгол дахь шарын шашны хураангүй түүх, УБ, 1978.

Ч. Далай. Монголын бөө мөргөлийн товч түүх, УБ, 1959.

정기논문집(학술지)

이태웅. "영적 각성의 세계관적 이해." 「목회와 신학」 11 월호 (2003): 56-62.

김은호. "교차문화 의사소통의 관점으로 본 몽골선교: 세계관을 중심으로." 「신학과 실천」 38 (2014): 571-94.

문상철. "선교학적 연구의 경험적 차원." 「현대선교」 18 (2015): 53-75.

_____. "종교적 상징의 분석과 세계관 연구." 「현대선교」 12 (1999): 36-62.

민가영. "글로벌 시대의 포스트사회주의 몽골선교의 과제." 「종교문화연구」 16 (2011): 265-94.

박광철. "민간신앙: 세계선교와 토착종교." 「손안에 책」 12 (1991): 99-109.

박원길. "몽골의 오보 및 오보제." 「중앙민속학」 8 (1996): 119-72.

박환영. "몽골 샤머니즘 속의 윤리의식 고찰." 「중앙아시아연구」 18(1) (2013): 111-27.

안점식. "선교학적 종교연구 방법론에 관한 고찰." 「현대선교」 18 (2015): 77-108.

유원수. "몽골 고원의 유목전통과 현실." 「인문논총」 67 (2012): 349-80.

이동주. "라마교 연구." 「신학과 선교」 7 (2003): 213-48.

이안나. "금기를 통해 본 몽골의 민속." 「중앙민속학」 12 (2007): 167-97.

_____. "한국과 몽골사람의 영혼관에 대한 비교 연구: 사령을 중심으로." 「비교한국학」 17(1) (2009): 497-523.

이태웅. "성숙한 선교는 세계관의 변화를 목표로 해야 한다." 「현대선교」 12 (1999): 5-13.

장장식. "몽골 보리야드족 무속의 특징과 전승 문제." 「한국민속학」 35 (2002): 127-49.

장훈태. "몽골의 티베트불교와 기독교사역전략." 「진리논단」 4 (1999): 60-101.

전광식. "성경적 세계관이란 무엇인가." 「기독교사상연구」 2 (1992): 7-20.

_____. "세계관과 기독교세계관." 「기독교사상연구」 1 (1992): 7-43.

정기논문집(외국저자)

노로브냠. "몽골구비문학에 나타난 죽음관." 「일본학연구」 46 호, 2015.

데, 마르하호. "몽골 샤머니즘의 초원제에 대하여." 「몽골의 무속과 민속」 (2001): 51-66.

성비락. "한국 · 몽골 교류와 문화비교." 「관훈저널」 108 (2008): 138-68.

푸레브, 어트거니. "몽골 무교의 신령, 옹고드의 특성." 「몽골 무속과 민속」
    (2001): 41-50.

_____. "몽골 무교의 전반적 성격." 「몽골의 무속과 민속」 (2001): 11-30.

험프리, 캐롤라인. "몽골 샤먼의 거울: 죽음과 인간에 대한 관점주의." 「국제샤머
    니즘학술세미나 발표집」 (2007): 109-27.

Humphrey, Caroline. "Theories of North Asian Shamanism." In *Soviet Western
    Anthropology*. ed. by Ernest Gellner, 243-56. London: Duckworth, 1980.

학위논문

황선국. "몽골유목문화에 상황화된 사역전략 연구." Grace Theological Seminary
    선교학박사학위논문, 2015.

낸딩체첵, 반드락츠. "몽골 전통문화의 정치적 성격." 한국정신문화연구원 학위논
    문, 2000.

기타 자료

유기남. "애니미즘권 선교현황과 전략에 관한 제언." NCOWE V 발제문, 2010.

이대학. "몽골 샤머니즘과 사역전략." 풀러신학교 소논문, 2013.

이태웅. "21 세기 글로벌선교상황 속에서의 선교적 교회론과 제자도의 전략적 의
    의." KGLI 미출판자료집, 2012.